Mi poder se perfecciona en la debilidad
Una introducción a la Segunda Carta a los Corintios

Jonathan Lamb

MI PODER SE PERFECCIONA EN LA DEBILIDAD

Una introducción
a la Segunda Carta a los Corintios

En recuerdo de George Lamb y Ben Taylor,
quienes tuvieron vidas modestas y fructíferas
y que, a pesar de sus debilidades,
confiaron en el poder de Dios.

Contenido

Tercera parte
Pablo ruega que sean generosos

Cuarta parte
Pablo apela a su autoridad

Cómo sacarle provecho
a este libro

Hay dos características importantes respecto a este libro que te ayudarán a entender y poner en práctica el mensaje de la Segunda Carta a los Corintios.

En primer lugar, mi propósito es ofrecer un comentario introductorio que sea claro. Por ello, he dividido el contenido en distintas unidades y he colocado encabezados sencillos que sintetizan el significado de cada pasaje. No quedará mucho espacio para incluir anécdotas y aplicaciones; sin embargo, espero que las explicaciones claras del texto permitan que los lectores, los grupos de estudio y los predicadores formulen sus propias aplicaciones del pasaje. Debido a que no he reproducido todo el pasaje bíblico de cada sección, será importante que leas este libro con una Biblia a la mano y en el pasaje pertinente.

En segundo lugar, al final de cada sección, incluyo unas cuantas preguntas que podrán usarse para la meditación personal o en el estudio en grupos.

Cómo usar este libro para tu estudio personal

Antes de pasar a las preguntas, sería bueno que empieces con una oración y luego leas varias veces el pasaje específico y su comentario. Quizá sea útil que anotes tus respuestas e incluyas cualquier pensamiento o idea que se te venga a la mente. Ello te ayudará a reflexionar sobre los temas y la manera en que son relevantes para tu propia situación. También te servirá de aliento que repases lo que Dios te ha estado enseñando. Puedes incluso compartir con algún amigo todo lo que has aprendido y también orar juntos para que el Señor te permita aplicar estas lecciones en tu vida.

Cómo usar este libro en grupos de estudio: consejo para líderes de grupo

A manera de preparación para este estudio, dirige una oración a Dios y lee varias veces el pasaje específico de la Biblia y sus comentarios. Aprovecha también otros recursos, como diccionarios bíblicos, si los tuvieras al alcance.

Al principio de cada capítulo he incluido el tema general; se trata de la verdad central que aprenderá tu grupo. Con esto en mente, debes elegir a cuáles de las preguntas dedicarás mayor tiempo. Asimismo, podrás añadir otras que sean pertinentes para el contexto de tu grupo o iglesia. Antes de la reunión, anima a tus compañeros a leer el pasaje que estudiarán (y también el comentario respectivo, en caso de que tengan el libro a la mano).

Asegúrate de que al final del estudio los participantes puedan aplicar lo aprendido a su propia situación y que, además, tengan un momento de oración juntos.

Cómo predicar a partir de Segunda Carta a los Corintios

Una nota aclaratoria para los predicadores. Este libro ha sido publicado anteriormente por Langham Predicación y se ofrecen al respecto talleres de entrenamiento en muchos lugares de Latinoamérica. Asimismo, quizá muchos de los lectores hayan participado o lo estén haciendo en grupos de formación de predicadores, por lo que podrán aprovechar las preguntas que aparecen en cada sección de este libro. En especial, los animamos a que se concentren en tres temas:

1. ¿Estoy siendo fiel al pasaje bíblico? ¿He reflexionado sobre el significado del pasaje con el fin de poder comunicar lo que el autor original quiso decirles a sus oyentes o lectores?
2. ¿Estoy siendo claro? El mensaje que predico, ¿lo he definido de una manera que ayude al oyente o lector para que verdaderamente entienda el propósito del pasaje?
3. ¿Es mi mensaje relevante? ¿Logró hacer contacto con las vidas de mis oyentes o lectores y pudo demostrar la manera en

que el pasaje bíblico se conecta con los desafíos de sus vidas personales, familiares y eclesiales, así como con los retos de sus culturas?

Estas son tres excelentes preguntas para todo aquel que desee explicar un pasaje bíblico, ya sea por medio de la predicación, en grupos de estudio o en situaciones de discipulado individual. Tengo la esperanza de que estos tres puntos sean modelados en esta guía de estudio.

Te ofrecemos este libro con nuestros mejores deseos de que puedas explorar esta maravillosa carta del Nuevo Testamento. Rogamos a Dios que te sea posible descubrir lo que el Señor le dijo a Pablo: «Te basta con mi gracia, pues mi poder se perfecciona en la debilidad» (2Co 12.9).

Jonathan Lamb
Oxford, Reino Unido

Pablo y los corintios

A veces me encuentro con personas que imaginan que trabajar en el ministerio cristiano es lo más cercano al cielo en esta vida y se admiran de que pasemos todo el tiempo con otros cristianos. Pero, cualquiera que haya trabajado en una iglesia o en alguna organización cristiana, sabe muy bien que existe otra cara de la moneda. El ministerio cristiano puede llegar a ser extremadamente exigente, porque la iglesia es una institución divina, pero también humana. Pablo nos dice en 1 Corintios 3.9 que somos «el edificio de Dios». Por ello, ya que este edificio aún no está terminado, se debe trabajar en los acabados.

El tiempo que Pablo pasó con los corintios no fue fácil. En parte, se debió a algunos de los problemas internos y también a la agitada relación que tuvo con ellos. En 2 Corintios el apóstol manifiesta sus sentimientos más profundos, que lo llevan a describir los sufrimientos de su ministerio y el dolor que sufrió cuando lo criticaron y malinterpretaron.

Parte del trasfondo de esta difícil relación se relaciona con la llegada de algunos falsos maestros a Corinto. Hay un sinnúmero de teorías respecto a quiénes pudieron haber sido estos intrusos. Lo cierto es que sabemos de ellos debido a que Pablo escribe acerca de estos y de su estilo de ministerio. En el transcurso de la epístola, nos vamos enterando sobre esos falsos maestros porque él se defiende de sus ataques. En contraste con el apóstol, estos personajes llevan consigo cartas especiales de recomendación, reciben apoyo económico de los corintios y demuestran ser elocuentes y eruditos. Asimismo, se sienten orgullosos de la manifestación externa de su espiritualidad y su poderío milagrero.

Es evidente que Pablo está consternado porque los corintios han sido cautivados por estos intrusos y han aceptado con los brazos abiertos sus falsos valores y enseñanzas. Incluso se refiere a ellos con términos como el de *superapóstoles* y dice que predican «un evangelio diferente» (11.4–5). Se siente profundamente herido porque los corintios, a quienes Pablo llevó a la fe, ahora rechazan a su padre espiritual.

Gran parte de esta epístola gira en torno a un solo tema: no son solo los ataques contra su persona, sino también el hecho de que esos falsos apóstoles han presentado a los corintios un Jesús y un evangelio distintos.

Pablo describe de qué se trata el ministerio cristiano y lo relaciona directamente con el evangelio. ¿De qué modo se manifiesta en este el poder de Dios? La respuesta es *en la debilidad de Jesús crucificado*. Exactamente de la misma manera, el poder de Dios se manifiesta en Pablo precisamente por su debilidad, la que describe con tanta franqueza.

Pero la epístola no solo exhibe los sentimientos del apóstol; nos ofrece también una clara defensa del verdadero ministerio cristiano y deja un precedente para las relaciones entre cristianos, lo cual ha demostrado tener un valor duradero en las iglesias de toda cultura y todo tiempo. Representa una de las más profundas descripciones que se hayan escrito respecto al servicio cristiano genuino. Nos ofrece una ayuda clave para que el poder de Dios se perfeccione en nuestra debilidad.

Primera parte

Pablo aclara la razón de sus decisiones

2 Corintios 1.1–2.11

Capítulo 1

Las relaciones entre cristianos

2 Corintios 1.1–2

Pablo empieza su epístola con un saludo que muestra la importancia de nuestra relación con Dios y con los demás cristianos.

La mayoría de nosotros estamos familiarizados con aquel estilo «cristiano» de terminar nuestras cartas o correos electrónicos con *¡bendiciones!*: «¡Que el Señor te bendiga!». Se nos hace fácil escribirlas y lo hacemos casi de manera automática. Siguiendo la costumbre de su época, Pablo empieza su carta con un saludo habitual, que era una especie de «firma», pero no como un simple formalismo. Cada frase está repleta de significado, que nos conduce a temas que serán explorados en el resto de la carta.

El primer versículo usa cuatro términos que describen relaciones de carácter importante en la familia cristiana. Nos presentan temas en torno a la autoridad y a asuntos de carácter privado, los cuales iremos descubriendo, que están diseminados a lo largo de esta carta de Pablo. Empieza mencionando su propio llamado.

1. Apóstol de Cristo Jesús por la voluntad de Dios (1.1)

Pablo reacciona frente a los ataques contra su persona de parte de los falsos maestros en Corinto que habían cuestionado su autoridad. Así, de una manera deliberada, empieza recordándoles que su llamado a ser apóstol proviene directamente de Dios. Esta afirmación establece la pauta de toda la epístola: si Dios lo ha llamado y nombrado apóstol, entonces su mensaje tiene autoridad. No es una habilidad innata de Pablo, sino una que surge del apostolado que se le ha confiado. Se trata de la voluntad de Dios (1.1), quien ha determinado que sirva a las iglesias en esta función.

Debemos acercarnos a la epístola de Pablo reconociendo que esta constituye la palabra de Dios que nos llega por medio del instrumento que Él ha elegido. Si bien debemos esforzarnos por entender la manera en que debemos llevar a la práctica el contenido de esta epístola, no podemos ignorar las verdades eternas que en ella aparecen, tal como Pablo llegó a decirles a los tesalonicenses, quienes se alegraban de haber logrado recibir su mensaje no como palabras humanas, «sino como lo que realmente es, palabra de Dios, la cual actúa en […] los creyentes» (1Ts 2.13). El mensaje que Pablo nos ofrece en 2 Corintios tiene autoridad y poder para cambiar nuestras vidas porque él es «apóstol de Cristo Jesús por la voluntad de Dios» (1Co 1.1).

2. Timoteo nuestro hermano (1.1)

Timoteo se encontraba con Pablo cuando este escribió su epístola, pues eran grandes amigos. Aquel se había convertido a la fe por medio del testimonio del apóstol, y ahora se encontraban juntos como colegas y hermanos en la familia de Dios. Cada vez que usamos los términos «hermano» o «hermana» en círculos cristianos, nos recordamos unos a otros que hemos tenido el privilegio de haber sido incorporados a la familia de la iglesia. En el texto original, Pablo usa la expresión «el hermano», el cual quizá era un modismo que expresaba de una manera más formal el papel oficial que jugaba Timoteo como enviado de Pablo a la iglesia de Corinto.

3. A la iglesia de Dios que está en Corinto (1.1)

El grupo de creyentes al que Pablo escribe no aparece como «la iglesia de Corinto» ni tampoco lleva el nombre del apóstol. Lo importante aquí es saber que pertenecen a Dios. No importa cuán pequeño sea el grupo de creyentes, pues igual poseen la dignidad de ser llamados «la iglesia de Dios». Pablo no utiliza este término para describir un edificio, sino una reunión de gente especial que el Señor ha elegido. El término «iglesia» expresa lo que hacemos, como cuando nos reunimos, y también lo que somos por pertenecer a Dios.

4. A todos los santos en toda la región de Acaya (1.1)

Acaya fue una amplia provincia romana ubicada al sur de Macedonia. Es probable que los cristianos hayan estado diseminados por toda la región; sin embargo, Pablo los considera parte de la iglesia de Dios. (Es probable que 2 Corintios haya sido una carta circular que se leyó por toda la región, tal como nos sugieren los versículos 9.2 y 11.10). Pablo describe a los creyentes con el apelativo de «santos», es decir, que lo son porque pertenecen a Dios. Es un término que se usa para describir a todo verdadero creyente, no a un grupo selecto. Su significado se relaciona más con el hecho de vivir como cristianos en los vaivenes de la vida que con las imágenes de los vitrales. Se trata de la vida piadosa vestida con ropa de diario.

Los cristianos de Corinto vivieron en una época parecida a la nuestra, cuya característica principal era el individualismo. La autosuficiencia y la autorrealización no eran cuestiones solo de los debates filosóficos, sino lo que caracterizaba el diario vivir. Por ello, Pablo les recuerda cuán importante es el deber que tienen con la solidaridad corporal: «a la iglesia de Dios que está en Corinto y a todos los santos» (1.1). Es un tema que resalta en el primer capítulo y a lo largo de toda su carta. Por ejemplo, el término «santo» aparece muchas veces en el Nuevo Testamento, y casi siempre en plural. La única vez que se usa en singular es en Filipenses 4.21, donde literalmente se dice «saludad a cada santo».

Los cristianos estamos para vivir en comunidad. Somos el pueblo de Dios y, donde sea que estemos en el mundo, sin que importe si pertenecemos a congregaciones grandes o pequeñas, Dios nos ha llamado a manifestar solidaridad y sentido de comunidad con otros cristianos de la manera más práctica posible.

5. Bendiciones espirituales (1.2)

Si bien el versículo 2 es un típico saludo paulino (aparece en todas sus epístolas excepto en 1 y 2 Tesalonicenses), en esta carta tiene un significado especial. En la siguiente sección Pablo nos presentará uno de sus principales temas: la experiencia de sus sufrimientos. Es cierto que todos los que hemos sido llamados al servicio cristiano enfrentaremos oposiciones; pero, como compensación, 2 Corintios nos muestra de manera especial que se ha prometido la gracia de Dios a todo el que atraviesa por pruebas o sufre tentaciones.

«Les concedan gracia y paz» expresa el constante deseo de Pablo a las iglesias que estaban a su cuidado. Anhelaba que fueran enriquecidas por estas bendiciones espirituales. La «gracia» expresa el hecho de que Dios no ha dejado de ayudarnos, que lo hace no por lo que hemos podido lograr, sino por su constante amor por medio de Cristo. Todo lo que recibimos proviene de la mano de Dios, ya sea el perdón o la aceptación, la ayuda en momentos de tentación o la provisión que nos da para el diario vivir. Pablo descubrirá que esta gracia es más que suficiente, incluso en los momentos más duros de su vida (12.9). No es ninguna sorpresa que esta gracia llegue a tener la primera y la última palabra en esta carta muy íntima (1.2 y 13.14), porque ofrece un resumen de toda la experiencia del apóstol con Dios.

La palabra «paz» encarna el mismo significado profundo. Manifiesta toda la salud y entereza que nos llega por medio de la fe en Cristo, así como la armonía y la seguridad de nuestra vida con Dios.

Cuando encaramos situaciones difíciles en nuestras vidas, tenemos dos palabras de las que nos podemos asir. Representan la esencia del mensaje cristiano y son símbolos de la promesa de Dios respecto a que todo lo que necesitamos está disponible gracias a la amistad que tenemos con Él. Pablo deliberadamente resalta el hecho de que todo ello nos ha sido provisto por «Dios nuestro padre y el Señor Jesucristo» (1.2): no hay otro lugar al que podamos recurrir para encontrar tremenda e incontenible riqueza.

* * *

Preguntas

1. *¿Qué dirías sobre esta afirmación: «La Biblia es la palabra de Dios»? ¿Qué autoridad y poder tiene para la actualidad? Evalúa algunos ejemplos que se te vengan a la mente.*
2. *Con frecuencia consultamos con hermanas y hermanos en Cristo, ¿pero de qué maneras podríamos fortalecer un sentido genuino de «familia» en nuestra iglesia?*
3. *¿De qué maneras pueden «la gracia y la paz» volverse una experiencia cotidiana en nosotros? ¿Hasta qué grado pueden notar en nosotros aquella gracia y paz quienes no son creyentes?*

Capítulo 2

Dios consuela nuestro sufrimiento

2 Corintios 1.3–7

El sufrimiento nos ofrece la oportunidad de recibir el consuelo de Dios y de poder compartirlo con nuestro prójimo.

Veremos ahora que los temas iniciales del capítulo 1 son el sufrimiento y la consolación, y que son la clave para entender toda la epístola de Pablo. Siguiendo el patrón de muchas de sus cartas, los saludos iniciales representan una especie de preludio para toda la *película* que estará por desarrollarse.

Pablo había sido atacado por ciertas personas de Corinto que dudaban que fuera un verdadero apóstol, por lo que en el versículo 1 ya nos dice que su llamado proviene de Dios. Veremos a lo largo de su carta la defensa contra estas acusaciones, pero en esta sección defenderá la integridad de su ministerio apostólico mostrándoles que el sufrimiento forma parte de todo ministerio cristiano auténtico. Y no solo ello, pues tal sufrimiento es la ocasión para que se pueda recibir la gracia consoladora de Dios. En el versículo 3, Pablo agradece al Señor por ayudarlo ahora que se encuentra bajo presión. En esta sección nos mostrará la manera en que el sufrimiento se relaciona con tres temas importantes.

1. El sufrimiento y la consolación de Dios (1.3–4)

La capacidad para alabar a Dios cuando se sufre presión puede tan solo adquirirse cuando se ha vivido la consolación del Señor, que nos fortalece. La palabra clave «consolación» se encuentra diez veces en cinco versículos, y la misma idea se halla a lo largo de la carta («consolar» o «animar» se usan en 2.7; 7.4, 6, 7, 13; y 8.4, 6, 17, junto con muchas referencias en torno a «rogar» o «pedir»). Ninguna traducción puede expresar adecuadamente los distintos contextos: algunas Biblias traducen el término como «consolar», «alentar», «animar».

El evangelio de Juan usa el mismo término para describir al Espíritu Santo (Jn 14.16, 26; 15.26; 16.7). La ayuda y el aliento que provee el Espíritu nos acompañan para fortalecernos cuando atravesamos por pruebas; es la esencia de lo que Pablo describe en esta sección (2Co 1.3–7). Él está profundamente agradecido al Señor por haberlo acompañado durante estos momentos de sufrimiento, y en esto consiste el testimonio del pueblo de Dios a lo largo de la historia. Tal como David cantó en el salmo 23: «Aun si voy por valles tenebrosos, no temo peligro alguno porque tú estás a mi lado» (v. 4).

Pablo menciona la fuente de su consolación en tres frases que se encuentran en el versículo 3. Así como la gracia y la paz provienen de «Dios nuestro padre y el Señor Jesucristo» (v. 2), también lo hace nuestra consolación, que proviene de «Dios y Padre de nuestro Señor Jesucristo, Padre misericordioso y Dios de toda consolación». Estas expresiones revelan que Pablo cree en un Dios que se preocupa por los demás. No se trata solo de frases técnicas o religiosas, pus se puede ver una profunda relación en la descripción que ofrece de Dios nuestro Padre. Y también es cierto para todos los demás cristianos: a menudo llegamos a conocer mejor a nuestro Padre por medio del sufrimiento.

2. El sufrimiento y el ministerio de Cristo (1.5)

Tenemos también otras palabras que se traducen como «tribulación» o «sufrimiento» y que se usan con frecuencia en esta carta. La primera de ellas significa sufrir cierta clase de «presión». Una antigua manera de tortura consistía en colocar una gran piedra en el pecho de la víctima, cuya presión terminaría matándola. La segunda palabra describe el sufrimiento causado por otros.

Los cristianos deben saber que sufrirán presión en sus vidas. Es la regla y no la excepción a esta. De hecho, Cristo nos advirtió de ello (Jn 16.33); pero ¿por qué el sufrimiento debería ser algo natural y normal en la vida del cristiano? Pablo nos explica que el sufrimiento es el resultado inevitable de estar unidos a Jesús: «así como participamos abundantemente en los sufrimientos de Cristo» (2Co 1.5). Recalcará la idea más adelante en su epístola (4.10–12; 13.4). Su experiencia en torno a las tribulaciones y aflicciones nace del hecho de que pertenece a Cristo y participa en su ministerio.

No hay ninguna evidencia respecto a la falta de espiritualidad de Pablo ni se puede dudar de su apostolado. Más bien, su sufrimiento era un símbolo de su discipulado, un claro indicador de que estaba cumpliendo el ministerio que Dios le había encomendado, el cual consistía en servir a Cristo.

Este versículo no quiere decir en lo absoluto que el sufrimiento que vivió Jesús cuando logró nuestra redención deba extenderse o cumplirse por medio de la experiencia de los cristianos, pues su sufrimiento fue único, completo y se realizó una sola vez y para siempre, tal como Pablo explicó a los romanos (Ro 6.10). Más bien, el apóstol describe la profunda relación que hay entre Cristo y aquellos que llevan su nombre. Nuestra vida es su vida, incluyendo sus sufrimientos, que en última instancia nos conducirán a la gloria (Ro 8.17; Fil 3.10; 2Ti 2.12; 1P 4.13).

Aquello le ofrece al sufrimiento cristiano un sentido de dignidad. Por ello, no debe sorprendernos que como defensa de su apostolado Pablo se haya sentido «orgulloso» de su debilidad. Mientras más sufría, más se hacía evidente su supremo llamado a ser identificado con Cristo. El mismo argumento de solidaridad con el Señor aparece en la segunda parte del versículo 5: si estamos unidos a Cristo en su sufrimiento, también tendremos abundante consuelo en nuestras vidas. La conexión se establece por medio de aquel «pues» (2Co 1.5). No importa qué clase de tribulación o aflicción tengamos que sufrir como cristianos, la presencia de Dios, que nos fortalece, superará todas ellas. (4.16–17; 12.9).

3. El sufrimiento y la comunidad cristiana (1.4, 6–7)

Si estamos unidos a Cristo, lo estaremos también los unos a los otros. Los cristianos nos hallamos estrechamente ligados a Él y a todos los demás creyentes. Hay un aspecto comunal en la experiencia cristiana, que incluye nuestros sufrimientos y nuestra consolación.

Quizá no todos recibamos el llamado a ser maestros de la Biblia y tampoco tengamos dones espectaculares de sanidad divina; pero si conocemos a Cristo, tendremos a nuestra disposición un ministerio vital para ejercer, el cual se describe en los versículos 4 y 6. Pablo nos presenta una secuencia. En primer lugar, compartiremos los sufrimientos de Cristo; luego, gracias a su consuelo, seremos fortalecidos. Así, justamente debido a esta experiencia, recibiremos la tarea de consolar a nuestro prójimo: «con el mismo consuelo que de Dios hemos recibido, también nosotros podemos consolar a todos los que sufren» (1.4). Lograremos alentar y ayudar a los demás porque el Señor ha estado a nuestro lado en momentos de tribulación. Esta faceta es la que permite a todo genuino ministerio cristiano ser sensible al dolor ajeno.

Quizá no lleguemos a sufrir las mismas tribulaciones que los demás, pero ello no limitará nuestro ministerio. La consolación que recibamos nos servirá de base para ayudarlos y poder consolar «a todos los que sufren» (v. 4). Pablo fue capaz de afirmar que su propio sufrimiento sirvió de ayuda a los creyentes corintos (v. 6), como lo repetirá en su carta (4.5, 15).

El uso que Pablo le da a la palabra «participar» en el versículo 7 resalta el aspecto comunal del sufrimiento y la consolación. Este término también expresa el significado de colaboración y camaradería. Pablo tiene la plena seguridad de que los corintios lograrán recibir la consolación divina, la cual los sostendrá en tiempos difíciles. Les dice que tienen una «firme» esperanza, palabra que se deriva del concepto de poder caminar en terreno sólido y confiable. El Dios de toda consolación no le ha fallado a Pablo y tampoco lo hará con los corintios.

Cuando uno atraviesa por momentos difíciles, jamás es fácil pensar con una mente fría y evaluar objetivamente la manera en que

Dios nos ha ayudado. Pero es bueno recordar que, cuando se está bajo presión, Él redime aquellos momentos y se aprovecha de ellos para cumplir su buen propósito de fortalecer a quienes pertenecen a la familia cristiana.

- - -

Preguntas

1. *¿Recuerdas algún momento en el que te encontrabas bajo presión y recibiste el consuelo de Dios? Comparte tu experiencia con los demás para que les sea de ayuda.*

2. *Hemos visto en este pasaje que nuestras vidas están ligadas a la vida de Jesús, que incluyen sus sufrimientos y gloria. Lee los versículos mencionados (Ro 8.17; Fil 3.10; 2Ti 2.12; 1P 4.13) y úsalos a manera de oración y agradecimiento a Dios.*

3. *Si pudieras ver tu vida como si fuera una en Cristo, ¿qué diferencia causaría en la manera en que la vives?*

4. *El mundo considera que el sufrimiento es tan solo un mal que debe ser eliminado o, por lo menos, evitado. ¿Cómo podemos ayudar a los demás a que consideren que quizá haya algo positivo en el sufrimiento?*

- - -

Salud y prosperidad

Una de las primeras lecciones de 2 Corintios es que la fe cristiana no ofrece ninguna inmunidad frente al sufrimiento. A lo largo de su carta, Pablo nos muestra que hay una conexión vital entre el evangelio y la vida cristiana. El poder de Dios se manifiesta en la debilidad de Jesús crucificado y, dado que la esencia del cristiano es estar unido a Cristo, el poder de Dios se manifiesta de una mejor manera en quienes son débiles.

La espiritualidad dirigida por el éxito, aquella que nos dice que los cristianos son inmunes a las dificultades, desfigura el mensaje cristiano. Esa clase de cristianismo que nos da a entender que si tan solo tuviésemos suficiente fe, podríamos evitar las presiones de la enfermedad, del desempleo o la pobreza o las dudas internas, no solo es cruel respecto a los que atraviesan por estas dificultades; también niega la esencia del evangelio, porque Jesús anduvo en el camino del sufrimiento, y no hay escapatoria de este si aspiramos a ser sus representantes en este mundo actual. La clave de todo esto se halla en aprender a ver el sufrimiento con la perspectiva adecuada, como una parte del privilegio que tenemos de ser identificados con Cristo.

En algunos círculos cristianos se ha resaltado la supuesta «teología de la prosperidad», la cual sugiere que la voluntad de Dios no desea que seamos pobres o que suframos enfermedades. Sin embargo, hay errores fatales en esta postura.

1. Un mal manejo de la Biblia

En la llamada teología de la prosperidad muchos pasajes bíblicos se interpretan fuera de su contexto y, por tanto, se llega al error. De este modo, se aplican a los cristianos de la actualidad las promesas que Dios hizo a su pueblo bajo el antiguo pacto, sin tomar en cuenta el contexto original de una manera adecuada. Por ejemplo, Pablo usa en Gálatas la frase «la bendición prometida a Abraham», pero sería un error interpretar esto como si fuera la bendición que aparece en Deuteronomio 28.1–14 (abundancia de bienes, salud, fertilidad, victoria en las guerras). Pablo se refiere a las bendiciones del nuevo pacto; por ello, en este caso, la bendición de Abraham es sinónimo de perdón y paz con Dios, tal como lo describe en Gálatas 3 y Romanos 4.

Asimismo, es un error decir que Isaías 53.5: «y gracias a sus heridas fuimos sanados», significa que, como resultado de la obra de Cristo, todo creyente será sanado de cualquier enfermedad. Más bien, debe entenderse según el contexto de toda la doctrina bíblica, en la que queda claro que los beneficios plenos de la obra de Cristo serán vistos solamente cuando Él vuelva y el reino se cumpla en su plenitud.

Igualmente, se comete un error de interpretación, por ejemplo, cuando no se consideran en su contexto las palabras de 2 Corintios. ¿Qué quiso decir Pablo con la afirmación de que Cristo se hizo pobre «para que mediante su pobreza ustedes llegaran a ser ricos» (2Co 8.9)? ¿Se trata de una promesa de bendición económica? Una vez que hayamos estudiado el pasaje en su contexto, nos daremos cuenta de que el significado de la palabra «rico» se relaciona con el significado de las riquezas de Cristo antes de que viniera a este mundo a la ciudad de Belén. Dado que puso a un lado sus privilegios y sufrió la muerte en la cruz, hemos ahora heredado todas las bendiciones celestiales que le pertenecen.

2. Una perspectiva equivocada respecto al reino

Piensa por un momento acerca del tema de la sanidad. Todos creemos en el poder que Dios tiene para sanar a los enfermos; nadie debería jamás ser escéptico respecto a esta posibilidad. Sin embargo, la doctrina bíblica en torno a este tema se relaciona con lo que se conoce como el «ya está presente pero todavía no del todo». El uso que Pablo le da al concepto de «primicias» es muy útil para saber qué debemos esperar (p. ej., Ro 8.23). Si el reino de Dios ya está presente, debemos ver ya las señales del reino; debe haber ciertas pruebas de sus poderosas obras, que podríamos llamar las «primicias». Nos alegramos con los que han sido sanados, ya sea gracias a la ayuda de los médicos o por el ejercicio del don de sanidad en el seno de la comunidad cristiana.

Pero también tenemos el «todavía no del todo». La experiencia plena de lo que significa vivir en el reino de Dios, con toda su plenitud, su paz y restitución, aún está por llegar. Todavía vivimos nuestras vidas en la transición entre esta era presente y la que vendrá. Por ello, el libro del Apocalipsis aguarda el día en que esta era presente llegue a su fin: «Él les enjugará toda lágrima de los ojos. Ya no habrá muerte, ni llanto, ni lamento ni dolor, porque las primeras cosas han dejado de existir» (Ap 21.4).

Así que se debe ser sensatos y evitar ambos errores: el de creer que el árbol ya no tiene frutos, y el (de la teología de la prosperidad) de creer que el árbol está repleto de frutos. El concepto bíblico respecto a las primicias es realista: esperamos ver manifestaciones de la intervención divina y oramos por ellas con una actitud humilde sabiendo que dependemos de la sabiduría y soberanía de Dios, pero no debemos esperar que todo se resuelva ahora.

3. Un entendimiento equivocado respecto a la oración

Lo que podemos aprender de la experiencia de Pablo, que aparece en 2 Corintios 12, es que Dios no tiene la obligación de darnos absolutamente nada que le pidamos, y que nuestras plegarias no son mágicas y no nos dan todo lo que solicitemos. En un comentario con mucho tino, Alec Motyer correctamente menciona que si Dios nos diese todo lo que le pedimos, muy pronto dejaríamos de orar. Así, no tendríamos la suficiente confianza en nuestro propio criterio para tomar decisiones. Además, sería una terrible carga porque ¿cómo podríamos anticipar lo que es mejor para nosotros y nuestras familias, o qué aspecto tendrían las circunstancias del mañana?

Tal como Motyer menciona, orar «hágase tu voluntad» no limita nuestras oraciones, sino más bien elimina las limitaciones de nuestro propio conocimiento humano. La oración de fe es aquella que confía en la certeza de un Padre misericordioso que sabe lo que es mejor para sus hijos.[1]

Pablo llegó a darse cuenta de ello cuando no obtuvo la sanidad que había estado pidiendo. Más bien, recibió algo inconmensurablemente superior. El Señor le dijo: «Te basta con mi gracia, pues mi poder se perfecciona en la debilidad» (2Co 12.9).

---

[1] Alec Motyer, *The Messsage of James*, The Bible Speaks Today (Leicester: ɪᴠᴘ, 1985), 199.

Capítulo 3

Dios nos libra del peligro

2 Corintios 1.8–11

El sufrimiento posee aquella ventaja especial de enseñarnos a confiar más en Dios y no en nuestros propios medios.

Pablo describe las adversidades que sufrió en la provincia de Asia (v. 8). Los detalles de estas no son claros, pero sí sabemos que fueron graves. Es posible que Pablo se refiera a su ministerio en Éfeso, donde, como dice en su primera epístola, luchó «contra las fieras» (1Co 15.32). Batalló durante dos años para proclamar a Cristo en un contexto hostil, ya sea por las acciones de religiones ocultistas, de las turbas violentas o de aquellos que tenían un interés particular en otras deidades locales (Hechos 19).

Como si esto fuera poco, impartía clases públicas durante muchas horas al día y también se ocupaba de la labor pastoral de muchos jóvenes cristianos. Tampoco debemos olvidarnos de que seguía cumpliendo su oficio regular de fabricar tiendas de campaña, aparte de todas sus demás obligaciones. También es posible que Pablo se refiera al impacto causado por alguna enfermedad crónica, dado el hecho de que el versículo 10 alude a Job 33.30, en el que este atraviesa por un proceso de vida y muerte. En esta sección de 2 Corintios, nos confiesa abiertamente las insoportables presiones y las maneras en que Dios lo logra rescatar.

1. Dios nos enseña a confiar en Él (1.8–9)

Pablo muestra una franqueza impresionante cuando nos describe sus experiencias. Nos llama la atención la manera en que se expresa en los versículos 8 y 9: «Estábamos tan agobiados bajo tanta presión que hasta perdimos la esperanza de salir con vida: nos sentíamos como sentenciados a muerte» (2Co 1.8–9). Una paráfrasis lo dice de esta manera: «Fue una prueba tan dura que ya no podíamos resistir más, y hasta perdimos la esperanza de salir con vida» (DHH). Pablo sintió como que las olas del mar golpeaban la proa y su nave estaba por naufragar.

Estas heridas abiertas tienen un propósito. ¿Cuál era la razón de que esto le sucediese a un apóstol? ¿Cuál era el motivo por el que Dios permitía que Pablo corriera el riesgo de perder las esperanzas?

En el versículo 9, Pablo nos explica lo que descubrió: «Pero eso sucedió para que no confiáramos en nosotros mismos, sino en Dios». El propósito de haber tomado este camino consistía en destruir en él cualquier vestigio de seguridad en sí mismo. A lo largo de toda su carta, nos recalca que Dios nos lleva por estos caminos de aflicción con el propósito de que nos demos cuenta de nuestra propia incapacidad, de terminar con la confianza que tenemos en nosotros mismos y para enseñarnos a que confiemos exclusivamente en Él. Cuando pasemos por momentos de desesperación, aprenderemos a asirnos fuertemente de Dios.

Su propósito en nuestras vidas no consiste en evitar los momentos difíciles, sino en transformarlos. Él no nos libra como por arte de magia de las presiones, sino, más bien, aprovecha aquellos momentos para exhibir nuestra total insuficiencia y demostrar su total confiabilidad. Si no aprendemos estas lecciones, entonces la verdadera tragedia del sufrimiento cristiano será haber perdido una gran oportunidad.

2. Si confiamos en Dios, Él nos seguirá librando (1.10)

Al describirnos la experiencia que lo puso al borde de la muerte, Pablo nos recuerda que podemos confiar en Dios porque tiene el poder de resucitar a los muertos (1.9). Aunque en su primera carta ya había escrito a los corintios acerca de la doctrina de la resurrección, en esta segunda no les describe la esperanza futura, sino una realidad diaria. Dios es capaz de elegir cristianos que, como Pablo, han perdido las esperanzas de vida. Dado que lo libró «de tal peligro de muerte», el apóstol estaba convencido de que Dios podía librarlo de futuros peligros: «En él tenemos puesta nuestra esperanza» (v. 10). Paul Barnett está en lo correcto cuando afirma que las liberaciones de Dios en esta vida son siempre parciales. «Quizá nos recuperemos de alguna enfermedad, pero es imposible que esquivemos nuestro enemigo final, la muerte. Estamos inextricablemente enredados en las aflicciones y sufrimientos de este mundo, que es pasajero. Solamente en la resurrección de los muertos habrá una perfecta liberación».[2] Sin embargo, en aquellos momentos de nuestra vida en que hayamos perdido las esperanzas, deberemos aprender a confiar en Dios, que es compasivo y nos ha prometido la resurrección. Él no nos dejará que caigamos de su mano. En Él podemos confiar para que nos libere ahora, en el futuro y en el día final de la resurrección (ver el cuadro titulado «La resurrección» en la página 94).

3. Dios responde a nuestras oraciones (1.11)

Pablo no solo reconoce que confía en Dios (1.9); también nos dice que confía en el pueblo de Dios: «Ustedes nos ayudan orando por nosotros» (v. 11). Una vez más, deja claro cuán importante es la comunidad cristiana. Quizá su propósito principal en esta parte inicial de la carta es recordarles a los corintios la relación especial y la unidad que él siente hacia ellos, a pesar de las dificultades que han tenido. Dios lo ha liberado, pero eso sucedió porque los corintios oraron por Pablo. En esta carta, les hará saber el profundo afecto que siente por ellos, y anhela que también le manifiesten su apoyo; en particular, les ruega por sus oraciones solidarias.

Las oraciones que hacemos los unos por los otros logran cierto cometido en las manos del Señor. Pablo evita ser tan orgulloso como

---

[2] Paul Barnett, *The Message of 2 Corinthians,* The Bible Speaks Today (Leicester: IVP, 1988), 34, 35.

para reconocer que, como apóstol, necesita desesperadamente la ayuda de Dios y las oraciones de los corintios. Nos da a entender que orar equivale a colaborar con el Señor para cumplir su propósito, «Mientras tanto, ustedes nos ayudan» (v. 11). Y combina la oración con la acción de gracias. Cuantas más oraciones se hagan, habrá más alabanza de parte del pueblo de Dios por lo que Él ha hecho (v. 11). Una vez más, Pablo considera que todo esto es «a causa del don que se [Dios] nos ha concedido» (v. 11).

Con el propósito de recalcar cuán importante es su relación con los corintios, Pablo usa los primeros versículos de esta carta para enfatizar la hermandad cristiana: sufriremos juntos, seremos capaces de consolarnos unos a otros y deberemos orar unos a otros.

Preguntas

1. *Piensa por un momento en tus hermanos cristianos de tu grupo o congregación. ¿Qué clase de presiones encaran? ¿Cómo podemos ayudarlos?*

2. *¿Cómo podemos ser más eficaces con nuestras oraciones solidarias por otros creyentes, en particular por aquellos que sufren en otras partes del mundo?*

3. *¿De qué maneras somos tentados a «confiar en nosotros mismos» en vez de depositar nuestra esperanza en Dios?*

Capítulo 4

La fidelidad de Pablo

2 Corintios 1.12–22

En respuesta a las acusaciones de que su palabra no era confiable, Pablo da a conocer los fundamentos de la verdadera integridad cristiana.

Pablo fue criticado porque aparentemente había roto sus promesas y cambiado sus planes. Se lo acusó de ser indeciso porque prometió visitar a los corintios y luego no se apareció. Sus críticos decían que se comportaba de una manera engañosa y poco sincera: en vez de ser franco, había sido evasivo. Pablo les explicará por qué decidió cambiar de planes, pero primero les responderá con claros argumentos la razón de sus cambios de conducta y motivación. Asimismo, les aclarará asuntos importantes de la vida cristiana.

1. Su conciencia (1.12–14)

Pablo nos da a conocer la razón por la que se jacta en 1.12, momento que es el primero de muchos en que hace lo mismo, lo cual, a primera vista, lo hace parecer arrogante. Sin embargo, como veremos a continuación, se trata más bien de un intento por defender su integridad, y no de querer alimentar su ego. Aprovechando el modo de hablar de sus adversarios, Pablo se jacta de su conducta; pero, de modo contrario a sus adversarios, lo hace respecto de su debilidad (11.30). En este capítulo su primera línea de defensa será recalcar que posee una conciencia limpia: se ha comportado con sinceridad en todo lo que ha hecho por los corintios. (1.12).

Este versículo nos ofrece una excelente definición de lo que significa la integridad: tener una conciencia clara y tranquila delante de Dios, y relacionarse con el prójimo de una manera abierta y sincera. Todo se ha efectuado honestamente. Pablo se ha comportado de una forma directa y sin complicaciones.

¿De qué manera ha podido ser consecuente? Decide repasar el tema de la gracia de Dios (v. 12) con el propósito de demostrar que su conducta se ciñe a normas divinas y no a la sabiduría humana.

Insiste en el tema de la integridad afirmando que, así como no es culpable de haberse comportado de una forma inconsistente, tampoco lo es de haberles escrito de manera contradictoria (v. 13). Lo que les ha escrito es exactamente lo que les ha querido decir. No ha habido ningún intento por engañarlos o esconder información. Pablo no es como aquella persona que escribió la siguiente recomendación para uno de sus empleados que se había cambiado de trabajo: «Si lo conocieras de la misma manera que yo lo conozco, tendrías la misma opinión de él que la que yo tengo». La conducta de Pablo y lo que les escribió a los corintios es inequívoco. No posee planes ocultos. No es necesario leer entre líneas, porque su mensaje es sincero y confiable.

Pablo tiene una conciencia limpia. Para resaltar el sentido de seriedad en su defensa, menciona el día del juicio de Dios (v. 14), día final en el que se entenderá que se comportó con integridad. Es una afirmación de mucho peso que demuestra el convencimiento total de que la vida y la conducta de Pablo pueden ser examinadas abiertamente, no solo por los demás creyentes, sino también por el mismísimo Juez de todos.

2. Sus intenciones (1.15–17)

En el versículo 16 Pablo describe su itinerario. Había pensado visitar a los corintios no solo en su viaje de ida hacia Macedonia, sino también en su regreso, y se había tomado muy en serio la planificación. Carecía de intenciones egoístas; había preparado su itinerario para beneficio de los corintios (1.15). La palabra que usa aquí proviene de «gracia», cuyo significado da a entender un doble beneficio. Incluso su cambio de planes, al que se referirá en el siguiente capítulo, sirvió para beneficio de los corintios.

Al defender su integridad, Pablo vuelve a resaltar el versículo 12 afirmando que no se ha comportado «según criterios meramente humanos» (v. 17). No ha dicho *sí* y *no* al mismo tiempo, o no les ha prometido algo y al siguiente día lo ha negado. Ha pensado en los corintios cuando ha trazado su viaje y lo ha hecho teniendo en mente el beneficio de ellos.

3. Su confianza (1.18–22)

Al defender su propia confiabilidad, Pablo aprovecha la oportunidad para explicar los fundamentos de su propia confianza en el Señor. ¿Cómo sería posible que él, a quien Dios ha enviado, se comporte de una manera inconsecuente con Él? Menciona el hecho de que Dios es fiel (1.18), que el Hijo de Dios cumple las promesas del Padre (vv. 19–20) y que el Espíritu de Dios ha preparado a Pablo para que sea una muestra viviente de la confiabilidad de Dios (vv. 21–22).

Tanto le preocupan las acusaciones en su contra que se arriesga a trazar un paralelo entre sus obras y las de Dios. Nos dice «tan cierto como que Dios es fiel» (v. 18). Cuando proclama el evangelio, demuestra extrema fidelidad a los corintios y al Señor, y tiene la misma fidelidad cuando les describe su plan de viaje. No es un hombre indeciso, que dice *sí* y *no* a la vez. Al contrario, encarna y proclama las buenas nuevas de Jesucristo, que fue siempre fiel cuando cumplió las promesas de Dios y que siempre le dijo *sí* a su Padre (v. 19).

Estos versículos enfatizan la total confianza de Pablo en el evangelio de Cristo. Describe a Cristo como «el Hijo de Dios» (v. 19); sabe que las promesas de Dios se han cumplido en Jesús (v. 20); y los creyentes se mantienen firmes «en Cristo» (v. 21). Al defender su propia fiabilidad, Pablo afirma una verdad fundamental respecto a la confiabilidad de Dios. No debemos sentir temor de que nuestra fe pueda tambalear, porque podemos confiar en Dios, que nos sostendrá en Cristo. El propio Jesús ha respaldado y cumplido todo lo que Dios ha prometido.

Para reiterar este asunto, Pablo afirma que él es el mensajero elegido por Dios (v. 21), así como Jesús. Por ello, los corintios no deben dudar de su mensaje. De hecho, todos los verdaderos creyentes han sido ungidos para servir a Dios de esta manera, porque su Espíritu nos ha sido dado para garantizarnos que le pertenecemos (v. 22). Pablo utiliza una terminología jurídica para afirmar que los cristianos han sido sellados como propiedad de Dios (el «sello» indica que un documento es auténtico), y que su Espíritu es la «garantía» de que el contrato es válido (v. 22). Ahora gozan de seguridad y también en el futuro.

La respuesta de Pablo a las acusaciones no solo las niega con firmeza, sino que al hacerlo logra demostrar cuán confiable es el mensaje cristiano. La razón es que se fundamenta en la fidelidad de Dios, se ha logrado por la obra de Cristo y posee la garantía del Espíritu que mora en nosotros.

Preguntas

1. *¿Cuáles son las características respecto a la confiabilidad e integridad que deberían identificar a un cristiano en la actualidad? Nombra ejemplos de tu propio contexto en los que vivir con integridad es todo un reto. ¿Cómo deberíamos comportarnos, por ejemplo, en aquellos contextos en los que es «normal» recibir o dar sobornos?*

2. *En 1.13 Pablo describe la manera en que fue claro y transparente cuando se comunicó con los corintios. ¿De qué forma influye esto en nuestra propia manera de comunicarnos, ya sea por correo electrónico o en los medios sociales? ¿Cuál podría ser el punto de equilibrio entre hablar con franqueza para ser transparentes y hablar con tino para evitar herir a los demás?*

3. *Pablo fue muy directo respecto a sus planes, pero también lo fue acerca de los cambios. ¿Cómo nos sirve esto para la manera en que dirigimos nuestra vida cristiana?*

Los viajes de Pablo

Pablo fundó la iglesia de Corinto en el año 50 d. C., durante su segundo viaje misionero. Se había quedado en el lugar unos ocho meses y, si bien logró establecer la iglesia, aún era una congregación muy joven e inmadura. Luego de que se marchara, se quedó dos años en Éfeso, pero mantuvo contacto con los corintios y les escribió una carta para tratar asuntos pendientes.

Posteriormente, se enteró de que la iglesia atravesaba por serios problemas y les volvió a escribir; aquella carta sería conocida como 1 Corintios. Tenía la esperanza de visitarlos personalmente, tal como 1 Corintios 16 lo menciona claramente. Pero, luego de enviar la carta, tuvo que cambiar de planes. En vez de realizar un solo viaje a Corinto, haría dos; el primero en su viaje de ida hacia Macedonia, y el segundo en el de regreso. De esta manera podría llevar consigo las ofrendas recolectadas por los corintios para las necesidades de la iglesia de Jerusalén (ver el cuadro titulado «La ofrenda», p. 143).

Pero entonces su plan de viaje tuvo que cambiar una vez más. Le llegaron noticias de que la situación en Corinto había empeorado. Los consejos que les dio en 1 Corintios no habían surtido efecto. Por ello, tomó la decisión de que no podía esperar más tiempo y se fue de urgencia a Corinto para tratar de resolver los problemas. Esta visita se convirtió en la más incómoda para los corintios, ya que el apóstol tuvo que enfrentar los problemas cara a cara. También fue una visita incómoda para él, porque era obvio que habría de enfrentar oponentes en la iglesia. Esta oposición provenía de una o dos personas que lo insultaron abiertamente, lo que Pablo menciona en 2 Corintios 2.5–11. Además, un grupo de nuevos maestros habían llegado a la iglesia (ver el cuadro titulado «Los oponentes de Pablo», p. 60), quienes criticaban a Pablo y habían empezado a tener cierta influencia en la iglesia de Corinto. Por ello, se refiere a esta visita como una que le causaba tristeza (2Co 2.1).

Luego de aquella experiencia, decidió no realizar otra visita por el momento. Entonces fueron suspendidos los planes para una doble visita. Más bien, les escribió una carta donde abordaba los problemas una vez más. Aquella tercera carta comúnmente se conoce como la «carta triste» (2Co 2.4), la cual escribió con muchas lágrimas (ver el cuadro titulado «La epístola de Pablo a los corintios», p. 42).

Aunque Pablo tuvo las mejores intenciones para los corintios cuando cambió sus planes de viaje, se expuso a las acusaciones de que era alguien voluble y de poca confianza. Este fue justamente el problema que tuvo que enfrentar en los primeros dos capítulos de 2 Corintios.

Capítulo 5

Amor firme

2 Corintios 1.23–2.4

> El amor que Pablo demostró tener por los corintios era de tal calibre y madurez que le fue posible reprocharlos cuando fuese necesario.

Luego de una semana de haber llegado a la iglesia donde serviría por siete años como pastor, un miembro de la congregación le dio palabras de aliento. «El pueblo de Dios te romperá el corazón», le dijo. Quizá pienses que aquellas palabras son algo pesimistas, pero fue un consejo realista. La atención que nos brindamos los unos a los otros en la comunidad cristiana inevitablemente nos causará dolor y alegría al mismo tiempo.

Los corintios ya habían criticado a Pablo por ser poco confiable y porque no había cumplido su promesa de visitarlos en las fechas indicadas. Ahora prosigue con su explicación respecto a la razón por la que cambió de planes y aprovecha también para responder a más críticas.

1. Preocupación y reafirmación (1.23–24)

Tal como vimos en 1.15–17, Pablo se había propuesto visitar a los corintios tanto en su viaje de ida a Macedonia como en el de vuelta. La última vez que los visitó, tuvo en sus manos la gran tarea de disciplinarlos. Se encontró con bastante oposición; por ello, el encuentro fue triste tanto para Pablo como para los corintios (2.1). Después, en vez de visitarlos nuevamente, decidió escribirles una dura carta para animarlos a que corrigieran su situación. Con ello, esperaba que su próxima visita fuese más alegre.

Ahora les explica que la razón principal por la que no los visitó como había prometido fue evitar que pasaran por más dolor y tristeza (1.23; 2.1). Es evidente que Pablo estimaba mucho a los corintios y sintió mucha angustia por las circunstancias que lo llevaron a escribir la carta y por la manera en que reaccionaron contra él. Fue muy doloroso para Pablo haberles reprochado su conducta y quería evitar más dolor para todos.

También estaba al tanto de las acusaciones en su contra. Algunos creían que se había comportado como un dictador, insensible a los sentimientos de la iglesia; pero en esta sección les demuestra que sucedía todo lo contrario: era precisamente por su gran amor por ellos que había decidido cambiar de planes.

Pablo recurre a Dios como su testigo (1.23), de la misma manera que lo hace en otras cartas (1Ts 2.5, 10). Busca vivir su vida con una conciencia limpia delante del Señor, sabiendo que a Él le rinde cuentas.[3] Esta manera de expresarse demuestra que toma las cosas muy en serio. Pero, en caso de que diera la impresión de ser muy tosco, aprovecha también la oportunidad para reafirmar a los corintios, con su peculiar tino pastoral, que es su colaborador, que su intención es el bienestar de ellos. Por otro lado, los corintios demuestran madurez en su fe, que los conduce a mantenerse firmes (v. 24).

2. Tristeza y amor (2.1–4)

Luego de haberles dicho que deseaba aumentar su alegría en vez de reprocharles (1.24), les recalca lo mismo en los primeros versículos del capítulo 2. El propósito de esta carta, que les ha causado «tristeza», es generar una reacción necesaria en la iglesia de Corinto para que cuando los visite otra vez pueda sentir alegría y no angustia (2.2).

---

[3] Este tema lo he desarrollado con mayor profundidad en Jonathan Lamb, *Integrity with God Watching* (Leicester: IVP, 2006).

En ello consistía el propósito de su ministerio pastoral. Sin embargo, sucedió todo lo contrario: cuando les escribió, lo hizo «con gran tristeza y angustia de corazón, y con muchas lágrimas» (v. 4). La palabra «tristeza» es la misma que aparece en 1.4–8, la cual describe las presiones y sufrimientos que tuvo que soportar en su labor de misionero, adversidades que lo llevaron casi hasta la muerte. Ahora les dice que su ministerio pastoral a los corintios tiene las mismas características: ha sufrido angustia de corazón y con muchas lágrimas.

Curiosamente, les explica que las dolorosas decisiones que había tomado respecto a ellos tuvieron el propósito de «darles a conocer la profundidad del amor» que les tenía (v. 4). El motivo de la disciplina fue la profunda preocupación y compasión que sentía por ellos.

El amor cristiano es un atributo razonable de toda relación. No es algo sentimental, que ignora las ofensas o esconde los trapos sucios. El verdadero amor está presto a enfrentarse a los asuntos que se deben cambiar, a poner la cara ante lo que está mal y, cuando sea necesario, a reprochar a los que han fallado. Pablo demuestra que aquella disciplina la pone en práctica a partir del amor y que en esencia desea lo mejor para la persona afectada. No se trata de una crítica demoledora que disfruta el proceso de ver sufrir a los demás; es una firme y amorosa disciplina que se impone a aquellos que queremos ver que crezcan y maduren como deben. Su carta fue escrita para que los corintios dejasen de causarle tristeza como consecuencia de los desórdenes y pecados en la comunidad, y que más bien fuese un motivo de alegría (2.3) por la manera en que demostraban unidad y no discordia.

Todo ministerio cristiano conlleva el precio de imponer un amor firme. Ya hemos visto en el capítulo 1 los distintos problemas que Pablo tuvo que enfrentar durante su ministerio apostólico. Ahora se enfrenta a situaciones dolorosas que no provienen de una oposición externa, sino de la atención que ha brindado a los creyentes. Más adelante, en el capítulo 7, lograremos comprender un poco respecto a las malas noches que pasó Pablo pensando si su carta había sido bien recibida y esperando alguna noticia de Tito acerca de la respuesta de los corintios (7.5–6). Más adelante se referirá a la constante presión que le causa su preocupación por todas las iglesias (11.28).

Los dirigentes cristianos que sirven con el espíritu de Cristo sentirán siempre aquel dolor cuando atiendan a los demás. Son especialmente notorios aquellos casos en los cuales se tiene que aplicar la disciplina, en los que se debe confrontar algún mal o reprochar a alguien. Dado que la iglesia es una institución divina y humana a la vez, siempre tendrá problemas de carácter interpersonal que requerirán esta clase de intervención de parte de pastores con criterio y cuya motivación sea el amor y la integridad. Pero todos los cristianos, ya sean dirigentes o no, deben esforzarse por mostrar el grupo de cualidades que Pablo nos ha legado: una amorosa preocupación por nuestro prójimo, que logre reafirmarnos y alentarnos, pero que también sea capaz de confrontar de una manera adecuada cuando la situación lo exija.

Preguntas

1. *¿Cuándo crees que la disciplina válida de parte de los dirigentes de la iglesia se excede y se convierte en una imposición a los demás (1.24)? ¿Cómo podemos evitar esto?*
2. *Pablo da a entender que Dios es testigo de nuestros pensamientos y hechos (1.23). ¿De qué manera crees que estar más consciente de esta verdad tendría un efecto en nuestras vidas?*
3. *¿Crees que los dirigentes cristianos deberían manifestar el mismo grado de emoción que tuvo Pablo?*

La epístola de Pablo a los corintios

Ha habido muchos intentos por reconstruir la secuencia de visitas y cartas entre Pablo y los corintios. El patrón de visitas se describe en la sección titulada «Los viajes de Pablo» en la página 37, pero ¿qué sucede con sus cartas?

Es probable que Pablo haya escrito cuatro cartas a la iglesia de Corinto. La primera la escribió inmediatamente luego de que saliera de ese lugar, tras haber fundado la iglesia. Abordó algunos asuntos específicos respecto a cristianos que se relacionaban con otros creyentes cuyas vidas no concordaban con los requisitos del evangelio. Vivían en una situación donde habían comprometido su integridad como creyentes. De ello se refiere en 1 Corintios 5.9–11. Esta primera carta no sobrevivió, quizá porque trataba un problema específico para una situación particular y no pudo usarse en un contexto más amplio.

La segunda carta fue escrita al poco tiempo después. Pablo había recibido noticias respecto a problemas de distinta índole en la iglesia y decidió escribirles para abordarlos. Esta carta logró sobrevivir como 1 Corintios.

La tercera fue la carta de «reproche», a la que nos hemos referido anteriormente en este capítulo. La situación en la iglesia se había deteriorado, pese a los intentos de parte de Pablo por corregir la situación por medio de la segunda carta, por lo cual decidió visitarlos urgentemente. Luego escribió la tercera después de haber realizado la «triste» visita, lo que se menciona en 2 Corintios 2.4 y 7.8–9.

La cuarta carta es nuestra 2 Corintios, la cual demuestra que Pablo sentía una profunda preocupación por los corintios y anhelaba que su relación con ellos fuera restituida.

Si la segunda y cuarta carta sobrevivieron, pero no la primera, nos queda la interrogante: ¿qué sucedió con la tercera carta, la de «reproche»? Algunos creen que esta constituye los capítulos 10–13 de 2 Corintios, cuyo contenido muestra un marcado cambio de estilo, por lo que se la podría calificar como de un «reproche». Sin embargo, si bien esto podría ser posible, hay varias razones en contra de ello. La manera en que 2 Corintios fue redactada se aborda con más detalle en la sección titulada «La unidad de 2 Corintios» en la página 170.

Capítulo 6

Firmeza y perdón

2 Corintios 2.5–11

La disciplina en la iglesia debe saber guardar, por un lado, el balance entre el reproche necesario y la acción pastoral y, por otro, el perdón y la aceptación.

La palabra «disciplina» se ha vuelto obsoleta en el lenguaje de la iglesia contemporánea. El sentimiento de estos tiempos, que enfatiza la tolerancia y evita juzgar a los demás o atribuirles alguna culpa, ha influido tanto en nosotros que el solo pensar que deberemos disciplinar a algún creyente nos parece algo tan extraño y fuera de lugar.

La siguiente parte nos demostrará la manera en que Pablo manejó un caso específico de disciplina. Ofrece una mayor justificación para la postura de que, lejos de comportarse de una manera insensible y dictatorial, muestra ser un hombre lleno de una profunda compasión. Vemos la manifestación de su amor no solo en el hecho de que le costó mucho esfuerzo reprochar a los corintios, sino también en la actitud que tuvo hacia el ofensor.

En el versículo 6, Pablo menciona el castigo que se le impuso a un miembro de la congregación. Si bien es posible que se refiera a la persona que describe en 1 Corintios 5 (el caso del hermano que cometió inmoralidad sexual y que tuvo que ser expulsado de la congregación), es más probable que se trate de alguien de la iglesia de Corinto que lo había ofendido (ver el cuadro titulado «El ofensor», p. 48). Este le había causado problemas probablemente en la forma de un insulto en público, y ello no solo ofendió a Pablo, sino que tuvo repercusiones mayores.

Los corintios lograron disciplinar al ofensor (7.6–13), pero al apóstol le interesaba que el asunto se resolviese con firmeza y perdón. Por tanto, su enseñanza nos brinda un modelo útil para la disciplina en nuestras comunidades cristianas. En estos versículos encontramos una secuencia de importantes declaraciones que, con la interpretación y la ejecución correcta, nos conducirá a una práctica pastoral adecuada y con tino para todas las generaciones de la iglesia.

1. Las faltas impactan a todo el cuerpo de Cristo (2.5–6)

Debido al hecho de que los cristianos constituyen un solo cuerpo, la falta de uno afecta a toda la comunidad. Si bien es cierto que Pablo fue el que recibió la ofensa, les menciona que aquella falta habría afectado a todos (2.5), pues un acto que hiere una sola persona produce dolor en el resto de la comunidad, ya que ocasiona una reacción en cadena. Esta es la razón por la que la disciplina es necesaria.

2. Las faltas requieren la disciplina adecuada (2.8–9)

La palabra que Pablo usa para disciplina es «castigo» (2.6), que tiene relación con «reproche». Fue vital que los corintios obedeciesen los reproches que Pablo les hizo en su «carta triste» y que pusieran en práctica lo que les pidió. Fue una prueba de su obediencia para con el apóstol y, por ello, de su obediencia a Dios (v. 9). Pero ahora les escribe para hacerles saber que ya han aplicado la suficiente disciplina (v. 6) y que toda disciplina requiere que sea proporcional a la ofensa, ni demasiado tolerante ni demasiado severa.

3. Toda disciplina debe conducir a un amplio perdón (2.7–8, 10)

Todos tenemos la capacidad de entender la razón por la que es necesaria la disciplina. Quizá alguna vez en tu familia o tu iglesia has sido disciplinado, reprochado o confrontado por causa de alguna falla tuya. Te habrás dado cuenta entonces de que cualquiera que haya sido el problema por el que te disciplinaron, de forma inmediata te sentiste «marginado» y pensaste que los demás te condenaban. Sin embargo, es necesario que sepamos que existen el perdón de Dios y también el de nuestro prójimo (2.7). Pero, más que eso, necesitamos tener un sentido de pertenencia. Requerimos la reafirmación positiva de su amor por nosotros (v. 8).

Pablo tiene cuidado cuando muestra su voluntad para perdonar, junto con el llamado que extiende a los corintios para que perdonen al ofensor (v. 10). Para demostrar que su perdón es genuino, les dice que lo hace en la presencia de Cristo. Una vez más, busca ser transparente en extremo, reconociendo que vive su vida delante de la presencia de Jesús; por lo tanto, debe ser completamente sincero en todas sus actitudes y obras.

4. El perdón conduce a la salud espiritual (2.11)

Hay una razón más que demuestra lo necesario de la disciplina y el perdón, de la confrontación adecuada y la reafirmación del amor de los unos por los otros: pues así nos aseguramos de que Satanás no se aproveche de nosotros (2.11). Pablo está consciente de que hay una importante dimensión espiritual en el problema, pues el maligno no se cruza de brazos cuando se trata de causar daño en las relaciones interpersonales o dividir la comunidad. Por lo general, dará inicio a los conflictos y luego los empeorará. Por ello, necesitamos estar al tanto de sus planes y mantenernos preparados, por medio del perdón y la aceptación, con el propósito de restituir a la persona que ha fallado y así evitar mayor daño espiritual a la comunidad cristiana.

Preguntas

1. *El perdón es la esencia del evangelio cristiano, pero a menudo no es la esencia de la comunidad cristiana. ¿Cuál crees que es la razón de ello?*
2. *Pablo dice que no ignoramos las artimañas de Satanás (2.11). ¿Cuáles son las artimañas más comunes que este usa en nuestras vidas e iglesias?*
3. *¿De qué manera podemos manifestar amor y afirmación hacia alguien que ha fallado o nos ha ofendido sin dar la impresión de que aprobamos su falla?*

El ofensor

¿Quién era la persona que requería la disciplina a la que Pablo se refiere en 2 Corintios 2? Según la tradición, es el hermano involucrado en el caso de incesto que el apóstol menciona en 1 Corintios 5.1; pero un punto de vista más probable afirma que la ofensa que recibió fue un insulto público o una calumnia en su contra. Esto probablemente sucedió durante su triste visita por parte de un miembro del grupo que se le opuso.

Esta afirmación encaja de una manera más natural con el tono de las instrucciones de Pablo, en particular con el castigo adecuado que debía imponerse al ofensor. En 1 Corintios 5 este debía ser expulsado y entregado a Satanás, mientras que en 2 Corintios 2.6–8, Pablo les ruega que perdonen al ofensor y lo restituyan, y les dice que no deben permitir que el maligno se aproveche de la situación.

El apóstol se aseguró de que la ofensa en su contra no tuviera mayores repercusiones, ya que, aunque había sido dirigida contra él, también había afectado a otros (en 2 Corintios 2.5 dice «no me la ha causado solo a mí»). Por ello, si bien a lo largo de su triste carta rogó a los corintios que tomasen las medidas disciplinarias necesarias —y todo parece indicar que le obedecieron—, ahora les ruega que recurran al perdón. De principio a fin podemos advertir el corazón generoso y compasivo de Pablo, tanto hacia el ofensor como hacia la iglesia en su conjunto.

Segunda parte

Pablo describe su ministerio

2 Corintios 2.12–7.16

Capítulo 7

Dar a conocer a Cristo

2 Corintios 2.12–17

. . . .

A pesar de toda clase de presiones, compartimos la victoria de Cristo y tenemos la responsabilidad de darlo a conocer en toda circunstancia y situación.

. . . .

Los primeros versículos de esta parte establecen un puente entre la explicación respecto a la conducta de Pablo y la siguiente parte, que describe su ministerio. Estamos por ingresar a un gran desvío que durará hasta el versículo 7.2. Luego Pablo retomará el hilo de la discusión que dejó pendiente en 2.12 y seguirá con el asunto del hermano que había pecado. Pero ahora empieza una parte que se considera la más emotiva descripción del verdadero ministerio cristiano. Antes de empezar, los versículos 12 y 13 nos ofrecen una transición.

No debemos olvidar las sencillas declaraciones del versículo 12, que representan la constante prioridad de Pablo: había decidido ir a Troas «para predicar el evangelio de Cristo». Aquel fue siempre el sueño de su vida, como lo veremos en el capítulo 5. Pero nos queda claro que, pese a que tenía las puertas abiertas para hacerlo, no estaba tranquilo al respecto, quizá porque aún se sentía preocupado por la respuesta que los corintios tendrían frente a su carta. Pablo no era alguien frío y desapasionado a quien no le afectaban los sentimientos y las reacciones de los demás; por ello, le daba mucha importancia a la respuesta de los corintios, y ahora tenía que esperar un poco más para saber los resultados de su intervención pastoral.

Entonces, empieza describiendo el ministerio al cual Dios lo ha llamado y con ello ofrece una importante introducción respecto a las características de todo verdadero servicio cristiano.

1. El triunfo de Cristo (2.14)

Pese a las presiones que Pablo acaba de describir y los sentimientos de intranquilidad de 2.13, tiene la certeza de que en la situación hay otra aspecto. La imagen de un desfile triunfal (v. 14) podría ser confusa si no estuviésemos familiarizados con los temas de los dos primeros capítulos de su carta; por ello, se debe aclarar que Pablo no manifiesta actitudes triunfalistas. Nos ha descrito la gama de presiones que lo llevaron casi al punto de morir, las debilidades que asolaban su ministerio apostólico y el dolor del amor firme que ha debido usar para disciplinar a la iglesia. Es posible que la descripción del desfile triunfal la haya escrito con cierto grado de ironía. Sin embargo, considerando la frase inicial «gracias a Dios» (v. 14), es más probable que irrumpa en alabanzas porque se identifica con Cristo, en cuya hermandad sufre y triunfa a la vez.

Seguramente los lectores de Pablo estaban bastante familiarizados con los desfiles romanos de los ejércitos victoriosos. El apóstol nos muestra dos posibles alternativas: que desfila triunfante porque comparte la victoria de Cristo, o que él es uno de los esclavos que desfilan junto a sus captores que regresan victoriosos. De todos modos, se alegra del desfile victorioso en el cual participa. Su unión con Cristo significa que, pese a las abrumadoras presiones y sufrimientos que nos ha descrito, él sirve con gozo a su Señor Jesucristo, que ha logrado la victoria.

2. El efecto del testimonio cristiano (2.15–16)

Los desfiles incluían también a sacerdotes que quemaban incienso a lo largo del camino a manera de tributo a los ejércitos victoriosos. Quizá Pablo se inspiró en esta imagen cuando describió su ministerio en términos de una diseminación del conocimiento de Cristo, como si fuera una fragancia que se esparce con el viento. Otros han podido advertir la fragancia de Cristo por medio del esfuerzo del ministerio de Pablo, lo cual incluye todas las cargas pesadas. De hecho, procede a describir la manera en que el conocimiento de Jesús posee dos efectos contrarios. Es un aroma de vida entre los que se salvan porque han recibido el conocimiento de Cristo y han obedecido al evangelio; o es un olor de muerte para aquellos que se pierden porque lo han rechazado, ya que lo consideran una locura (2.15–16).

Prestemos atención a la manera en que se expresa: «los que se salvan» y «los que se pierden». El Nuevo Testamento describe la salvación como un asunto que tiene una dimensión pasada, presente y futura, y el versículo 15 lo hace como un proceso en el presente. La reacción de la gente frente al aroma de Cristo confirma su salvación o su juicio.

Es un asunto muy serio. Con razón que Pablo hace la pregunta: «¿Y quién es competente para semejante tarea?» (v. 16). Esta interrogante la responderá en la siguiente sección (3.5); sin embargo, aquí la usa para resaltar cuán importante es su testimonio respecto a Cristo y las serias repercusiones que generan las respuestas de la gente.

3. La sinceridad del servicio cristiano (2.17)

Una vez más, Pablo reacciona frente a las acusaciones de los falsos maestros de Corinto recordándoles su propia sinceridad y transparencia. Pablo utiliza la palabra de Dios con absoluta integridad, no como los que «trafican» con ella por afán de lucro (2.17). El término que usa aquí se deriva de la noción de «corromper» o «adulterar». Él no es como aquellos vendedores de la calle que convencen a medio mundo para que le compren su maravilloso producto, pero que luego se descubre que es una baratija. No pretende vender un vino de una supuesta calidad insuperable que más bien adulteró la noche anterior con agua. La expresión «a diferencia de muchos» nos da a entender una gran preocupación por el bienestar de la iglesia de Corinto, que corre el peligro de caer en las enseñanzas de los seudoapóstoles (ver el cuadro titulado «Pablo y los corintios», p. 11, y «Los oponentes de Pablo», p. 60), a quienes el apóstol considera unos estafadores y falsos dirigentes. Más bien, su ministerio se caracteriza por ser abierto («hablamos con sinceridad», v. 17) y con autoridad de parte de Dios («como enviados de Dios que somos», v. 17). Pablo volverá a tratar un tema similar en su defensa en el capítulo 4.

En estas tres sencillas declaraciones los cristianos tenemos importantes lecciones que aprender para servir a Cristo:

- *Vivimos a la luz de la victoria de Cristo.* Aunque tengamos que soportar toda clase de dificultades por proclamar el nombre de Cristo, nos hemos sometido voluntariamente a servirle, y sabemos que en toda circunstancia («siempre», v. 14) podemos confiar en su victoria.

- *Nuestras vidas comunican el evangelio a los demás* como si fuera un aroma que lleva el mensaje de Cristo. Y si cumplimos nuestra labor, la gente reaccionará de una manera u otra. Todo indica que mantenerse neutro es imposible. Sea como fuere, lograrán acercarse a Cristo o lo rechazarán con vehemencia. Para aquellos que crean, el efecto será la vida, y la muerte para quienes lo rechacen. Es aleccionador ver nuestro testimonio cristiano con tanta claridad, lo cual nos alienta a tomar conciencia de nuestras responsabilidades.

- *Rendimos cuentas a Dios,* que nos ha llamado para que le sirvamos por medio de la proclamación de su palabra con honestidad e integridad. No deberíamos tomar atajos cuando presentemos el evangelio, no debemos adulterar su mensaje haciéndolo más apetitoso, sino ofrecer una sincera presentación de su verdad por medio de nuestras vidas y nuestras palabras.

Preguntas

1. *Pablo habla del «aroma de Cristo» en los versículos 15 y 16. ¿Puede la gente detectar el aroma de Cristo en nosotros y nuestra iglesia? ¿Qué fragancias nuestras se combinan para formar un genuino aroma del evangelio?*
2. *Los versículos 15 y 16 nos muestran que el rechazo del conocimiento de Cristo tiene serias consecuencias. ¿De qué manera*

podemos ayudar a los que no son creyentes a que logren tomar conciencia de ello?

3. *¿Cuáles son algunas de las tentaciones que tienen los cristianos de diluir el mensaje y hacerlo más atractivo a la cultura actual (2.17)? ¿Cómo podemos lograr el balance adecuado entre adaptar el mensaje para que la gente logre entenderlo, y una alteración errónea de este, que desfigura la verdad?*

Capítulo 8

Dios nos ha capacitado

2 Corintios 3.1–6

* * *

Todos los creyentes están capacitados y son competentes para servir en el ministerio porque el Espíritu Santo mora en ellos.

* * *

En la sección anterior Pablo propuso una seria pregunta cuando describió su ministerio y llamado: «¿Y quién es competente para semejante tarea?» (2.16). Ahora ofrece una respuesta a dicha pregunta, que forma parte de un largo tema que abarcará todo el capítulo 3. Pablo es ministro del nuevo pacto, que es radicalmente distinto al antiguo. A lo largo del capítulo demostrará el contraste entre estos dos pactos.

Es probable que parte del trasfondo respecto a las preocupaciones de Pablo acerca de los intrusos en Corinto se relacionara con el hecho de que estos deseaban imponer requisitos judíos a los creyentes cristianos. Si este era el caso, entonces el capítulo 3 de la carta de Pablo ofrece una respuesta firme contra esta enseñanza y deja a las generaciones futuras la más profunda descripción del impacto que el evangelio ejerce en la transformación de las vidas.

1. Las pruebas de la obra de Dios (3.1–3)

Luego de haber descrito la sinceridad de sus propósitos en su ministerio apostólico, Pablo se percata de que lo pueden acusar de que se está jactando (3.1). Este tema volverá a aparecer a lo largo de la carta. Pero a estas alturas, manifiesta su preocupación porque parece que, pese a todo lo que ha hecho por ellos, los creyentes corintios no apoyan su apostolado. ¿Es que realmente necesitan más cartas de recomendación? Aquellas cartas eran comunes en los tiempos de Pablo, y aún se usan en ciertos círculos cristianos en la actualidad. Además el apóstol no sugiere que dichas cartas no sirvan o no tengan valor alguno. Más bien, le sorprende enterarse de que él necesitara cartas de presentación habiendo sido el fundador de la iglesia, el padre espiritual de tantos creyentes de Corinto. Claro que lo corintios saben muy bien que ellos mismos son la carta de recomendación de Pablo; son sus credenciales de apóstol (v. 2).

No hay necesidad de tener a la mano una carta formal, escrita con tinta, cuando se tiene una abierta en forma de los propios creyentes corintios. Esta carta ha sido escrita en los corazones y se halla a la vista de todos (v. 2). Estos creyentes son la verdadera prueba de la sinceridad y la eficacia del ministerio de Pablo, y todo ello es el resultado de la obra del Espíritu del Dios viviente (v. 3). No se trata de una carta formal, sino de un reconocimiento en la forma de gente que ha recibido la vida del Espíritu.

Aquí es donde Pablo empieza a comparar el antiguo y el nuevo pacto. El pacto es la manera en que Dios establece una relación con su pueblo; se cimenta en su carácter (de Dios). El propósito para su pueblo, que se manifiesta en la ley, fue escrito en «tablas de piedra» (v. 3); pero ahora, tal como lo predijeron los profetas, el Espíritu del Dios viviente lo escribe en los corazones humanos. Pablo hace memoria de la promesa que aparece en Jeremías 31.33, que aguardaba un nuevo pacto cuando el Señor pusiese su ley en las mentes de su pueblo y las escribiese en sus corazones (ver el cuadro titulado «El pacto», p. 62).

2. La capacitación que da el Espíritu de Dios (3.4–6)

En caso de que sus palabras se entiendan como demasiado directas, Pablo recalca que es el propio Dios quien lleva a cabo un ministerio como el que ha descrito. Tiene plena confianza respecto a su obra en la vida de los corintios (3.4), no porque posea habilidades de predicador o cualquier otra capacidad o suficiencia humana, sino porque su «capacidad viene de Dios» (v. 5).

Pablo no pretende reforzar su propio cargo. No desea involucrarse en una especie de individualismo heroico y espiritual con el fin de apuntalar su ego o edificar su propio imperio basado en su persona. No reclama nada para sí (v. 5). Nos recalca que su capacidad proviene de una fuente totalmente externa a él; es Dios quien lo ha capacitado para un ministerio tan difícil (vv. 5–6). La capacidad para enfrentarse a las dificultades que ha descrito, la habilidad para proclamar el evangelio en toda circunstancia, la disposición de llevar a cuestas la tremenda responsabilidad del testimonio cristiano e incluso los resultados de su labor entre los corintios, todo ello ha sido el resultado del Espíritu de Dios.

Versículos como estos son importantes para los cristianos que sirven al Señor en la actualidad. Pablo nos recuerda que la ayuda de Dios es suficiente y sirve de aliento para todos los que no se sienten aptos para el ministerio cristiano. Sin embargo, también es un oportuno recordatorio para todos los que se enorgullecen de la labor que cumplen. Nos recuerda que dependemos totalmente de Dios; y que cada vez que logramos algún fruto por causa de nuestra labor, los elogios le pertenecen.

Pablo es incluso más explícito: «Él nos ha capacitado para ser servidores de un nuevo pacto» (v. 6). En el pasado, Dios entregó la ley a su pueblo por medio de Moisés, ley que fue escrita en tablas de piedra; pero, debido a que el pueblo no pudo guardarla, se convirtió en letra que mata. Los condenó en vez de liberarlos. Ahora el ministerio del nuevo pacto tiene el propósito de llevar el evangelio, el que por medio del Santo Espíritu de Dios da vida y transforma la vida de todos los que creen. El ministerio de Pablo no es el de la letra, sino del Espíritu. En la siguiente sección abordará una profunda explicación de aquel ministerio del nuevo pacto, ministerio que compartimos porque proclamamos el mismo evangelio y hemos sido capacitados por el mismo Espíritu vivificante.

. . . .

Preguntas

1. *¿Hasta qué grado consideras que tu vida es una carta legible y precisa de parte de Cristo para que se lea entre la gente que te rodea? ¿De qué habla su mensaje? ¿Cómo ven y oyen otros aquel mensaje?*

2. *¿Piensas que aún es posible en la iglesia de la actualidad que «la letra mate» (3.6)? ¿Qué crees que signifique para la actualidad? ¿Y cómo piensas que podemos evitarlo?*

3. *Reflexiona y anota la manera en que el ejemplo de Pablo te alienta a seguir sirviendo como cristiano.*

. . . .

Los oponentes de Pablo

¿Alguna vez has intentado descifrar alguna conversación telefónica escuchando solamente a uno de los interlocutores? El problema es que solo se escucha un lado de la conversación, por lo que solo te queda llenar los vacíos de la conversación con las respuestas que logras oír. Sucede lo mismo al tratar de descifrar los problemas que había en Corinto, pues solo tenemos a la mano los comentarios de Pablo. Sin embargo, la situación se va aclarando al oír los argumentos que presenta en su favor y sus firmes reproches.

La carta gira en torno a las relaciones humanas. El apóstol sentía mucho afecto por los creyentes corintios. Él mismo había fundado la iglesia, por lo que le causaba mucha tristeza cualquier señal de inmadurez o desorden o pecado en la comunidad. Nos queda claro que su relación con la iglesia era inestable y vulnerable. Lo que hace emotiva esta carta es la manera personal en la que Pablo expone sus sentimientos y su vida al escrutinio de todos. También porque por momentos describe su confusión y tristeza, pero también su anhelo para que todos alcancen la reconciliación.

¿Por qué fue necesario todo ello? Cuando armamos el rompecabezas, nos parece claro que a Corinto habían llegado unos maestros nuevos que se oponían a Pablo y estaban ganando el apoyo de los creyentes. ¿Quiénes eran? Sabemos que se trataba de judíos (2Co 11.12) y que no eran de Corinto (11.4). Habían invadido el perímetro de influencia del ministerio de Pablo (10.12–18) e incluso recibían apoyo financiero de parte de la iglesia.

La respuesta de Pablo nos revela que había dos asuntos principales. El primero era la difamación contra él. Era evidente que los nuevos maestros habían montado una campaña difamatoria respecto a su capacidad de ejercer como apóstol, a lo que Pablo les responde en varias partes de su carta. La crítica contra su manera de dirigir su ministerio se ve en el modo en que Pablo les contesta, como se nota en las secciones 1.12–14, 17. 23–24; 2.17; 3.1; 4.2; 5.11–13; 6.3; 7.2; 8.20. El segundo asunto estaba relacionado con las enseñanzas erróneas de los nuevos maestros. Es muy probable que estos quisieran imponer a los cristianos de Corinto algunos reglamentos judíos de la ley de Moisés, pues en muchos comentarios se los califica como «judaizantes» (ver también Gá 2.11–16).

El primer ataque fue contra la integridad del apóstol. Los nuevos maestros eran especialmente susceptibles a las experiencias «espirituales» y los poderes supernaturales y, siguiendo la costumbre de la época de parte de magos itinerantes, cobraban por sus labores. Algunos de ellos revelaban la influencia de la cultura helenista y les impresionaba la elocuencia. En otras palabras, su criterio respecto a cómo debía ser un apóstol se ceñía al modelo de los gurúes seculares de la época. Cuando vieron a Pablo, lo consideraron un poco más que un payaso. Para empezar, se dedicaba al trabajo manual y era un orador aficionado que ni siquiera cobraba por sus charlas. ¿Qué clase de predicador pretendía ser? La respuesta de Pablo no solo representa un ataque demoledor contra las arrogantes pretensiones de estos falsos maestros; también es un modelo duradero respecto al verdadero servicio cristiano, del cual puede aprender todas las generaciones de la iglesia.

El segundo ataque no es menos serio, en particular porque representaba a «otro evangelio» (ver también Gá 1-6-7). Intentar imponer reglamentos judíos a la gracia del evangelio constituía un ataque a su esencia. La detallada explicación que Pablo ofrece respecto a la superioridad del pacto y el carácter fundamental de la reconciliación por medio de la muerte de Cristo nos ha legado una de las más grandes defensas de la gloria del evangelio de Jesucristo.

El pacto

El término «pacto» es una palabra clave a lo largo de la Biblia y describe un acuerdo entre Dios y su pueblo con el propósito de establecer una relación duradera con ellos. El primero estuvo en relación con Abraham, cuando Dios le prometió a él y a su descendencia que sería «su Dios» (Gn 17.1-7). Este pacto fue expandido por medio de la ley (Éx 32.15), la cual, según lo demostró Pablo en 2 Corintios 3, fracasó debido a la incapacidad del pueblo de cumplirla. En aquel sentido, dice que trajo muerte y condenación. Sin embargo, el Antiguo Testamento habla también de un nuevo pacto, que fue anunciado por los profetas y que Dios otorgaría a su pueblo desobediente. Jeremías profetizó que el nuevo pacto sería escrito en los corazones y las mentes del pueblo (Jer 31.31-40; ver también Is 55.3; Jer 32.40; 50.5; Ez 34.25).

Varios profetas relacionan la promesa del nuevo pacto con el ministerio del Espíritu, tal como Pablo lo hace en 2 Corintios 3. Por medio del profeta Ezequiel, el Señor promete: «Les daré un nuevo corazón, y les infundiré un espíritu nuevo; les quitaré ese corazón de piedra que ahora tienen, y les pondré un corazón de carne. Infundiré mi Espíritu en ustedes, y haré que sigan mis preceptos y obedezcan mis leyes» (Ez 36.26-27; ver también Is 59.21).

El Nuevo Testamento reconoce que los gentiles, que inicialmente estuvieron excluidos del pacto (Ef 2.12), han sido incorporados a la familia de Dios por medio de la obra de Cristo. Por esta razón, Pablo, en 2 Corintios 3, describe el nuevo pacto como «más glorioso», porque ahora se fundamenta en la obra redentora de Cristo y recibe el poder de su Espíritu. El resultado es vida y santidad.

Capítulo 9

Una mayor gloria

2 Corintios 3.7–11

El ministerio del evangelio es mucho más glorioso que el antiguo pacto y produce efectos que transforman la vida.

Así como la sección anterior intentó responder la pregunta del versículo 2.16: «¿Y quién es competente para semejante tarea?», esta intentará responder la del versículo 3.8: «¿No será todavía más glorioso el ministerio del Espíritu?». Pablo vuelve a resaltar el contraste entre el antiguo y el nuevo pacto, y lo hace gracias al uso que le da al concepto de «gloria».

Hasta este momento, Pablo ha mostrado que la gloria de su ministerio no coincide en lo absoluto con las expectativas de los falsos apóstoles de Corinto. Ha enumerado sus dificultades, no sus logros; nos ha hablado de las experiencias que le produjeron vergüenza y deshonra, no de sus grandes logros personales y sus glorias humanas. Con el propósito de ayudar a los corintios para que logren comprender la manera en que su ministerio es realmente glorioso, compara el antiguo y el nuevo pacto usando un estilo de debate común en su época. Era un estilo comparativo. Si el antiguo pacto era glorioso, cuánto más lo será el nuevo.

Pablo tiene en mente el relato de Moisés en el libro del Éxodo. El antiguo pacto se manifestó por medio de la ley escrita, «el que estaba grabado con letras en piedra» (v. 7). Moisés llegó a hablar con el Señor y luego de aquel encuentro su rostro brilló con la gloria de Dios (Éx 34.29–31). Pablo explica que los israelitas no eran capaces de ver el rostro de Moisés, pese a que aquella gloria ya se iba «desvaneciendo» en comparación con la de Jesús. Entonces, el antiguo pacto, tal como se manifiesta en la ley que se le dio a Moisés, fue una revelación de la gloria de Dios porque daba a conocer el carácter de Él. Pero ahora, con la llegada del Espíritu de Dios, tenemos una revelación mucho mayor de su gloria. Con toda su debilidad y sufrimiento, Pablo nos muestra este ministerio del Espíritu. Al meditar en el antiguo y el nuevo pacto, nos enseña tres grandes contrastes.

1. Es vida y no muerte (3.7–8)

El primer contraste es un asunto que Pablo ya trató en la sección anterior. La ley es como un panel de vidrio. El incumplimiento de uno de sus mandatos ocasiona que todo el panel se rompa. En los días de Moisés el pueblo se rebeló contra la ley que Dios le había dado y, si bien tuvo el propósito de dar vida, el fracaso del pueblo produjo que se convirtiera en un instrumento de muerte. Así que Pablo sostiene que, si la revelación por medio del antiguo pacto fue gloriosa, cuánto más glorioso será el ministerio del Espíritu que da vida.

2. Es justicia y no condenación (3.9–10)

En segundo lugar, el fracaso del pueblo de Dios respecto a cumplir su ley trajo condenación. Si aquel pacto aún se puede describir como glorioso, cuánto más glorioso será el ministerio del evangelio que no condena, sino que trae justicia (3.9). A estas alturas, Pablo presenta un tema que explicará con más detalles en el capítulo 5. El evangelio del cual es ministro es una revelación gloriosa de la justicia del Dios que perdona, del Dios que no toma en cuenta los pecados de su pueblo (5.19). De ello se trata la esencia de las buenas nuevas que proclama el apóstol. Mientras que la ley trae muerte y condenación, el evangelio trae vida y justicia.

3. Es permanente y no temporal (3.10–11)

En tercer lugar, el antiguo pacto no se compara con el nuevo. El evangelio es tan glorioso que, de hecho, la ley se ha quedado sin gloria (3.10). Es imposible ver la llama de la vela cuando se la coloca a plena luz de los rayos del sol. La gloria de la ley de hecho se desvanece cuando se la compara con Jesús, que es la luz del mundo. Pablo nos dice que esta gloria es permanente (v. 11). Lo que Cristo ha logrado en el evangelio durará por toda la eternidad, y el Espíritu Santo ha aplicado a nuestras vidas la obra de Jesús, que nos trae vida y justicia. Es nuestra garantía (5.5), la cual nos asegura que la obra se cumplirá. Su presencia en nuestras vidas es una característica típica del ministerio del nuevo pacto que describe Pablo.

Si alguno de los lectores de Pablo decidiese retornar a los reglamentos judíos será porque seguramente habrá dejado de oír sus enseñanzas abruptamente. Pablo nos demuestra que su ministerio del evangelio, mejor dicho, el ministerio del Espíritu ha alcanzado la máxima gloria posible. Quizá no sea la que los falsos maestros tienen en mente; pero, a pesar de todas sus debilidades, vemos lo que su ministerio ha podido lograr: traer vida y no muerte; justicia y no condenación; una gloria permanente y no una que se desvanece, porque es una gloria que se encuentra en cada creyente. Y ahora, por medio del evangelio, no somos excluidos de la presencia de Dios, y su gloria ya no está oculta. Ya no tenemos que presentar sacrificios, porque en Cristo tenemos un nuevo pacto, un nuevo camino de vida ha sido abierto.

A veces los cristianos de la actualidad no viven en esta luz de la gloria del nuevo pacto. Se han convencido de que tienen que esforzarse mucho para impresionar a Dios o buscan tener experiencias especiales con la esperanza de ganar su aprobación. No se han dado cuenta de que todo aquello que es necesario para nuestra justificación ya ha sido logrado por Cristo en la cruz. Y he aquí que nos topamos con una paradoja, que está en el fondo del evangelio y en la carta de Pablo a los corintios: ¡la cruz es el mejor lugar para ver la gloria de Dios! El ministerio de Pablo y el nuestro será glorioso, no por nuestros logros o éxitos, sino porque llevamos al prójimo a Cristo y su cruz, y porque vivimos nuestras vidas según el mismo patrón de muerte y resurrección en unión con el Señor (para más información, ver el cuadro titulado «La gloria», p. 71).

Preguntas

1. *¿De qué maneras crees que aún puedes sentir la tentación de vivir tu vida como si tuvieras que ganarte la aprobación de Dios?*
2. *«Y hemos contemplado su gloria», dijo el discípulo refiriéndose a Jesús (Jn 1.14). ¿Cómo fue que Jesús mostró su gloria en su vida? ¿Podemos mostrar la misma gloria?*
3. *El rostro de Moisés brilló porque Dios había hablado con él «cara a cara, como quien habla con un amigo» (Éx 33.11). ¿En qué sentido podemos llegar a ser amigos de Dios o es que esto ha sido reservado para gente especial como Moisés y Pablo? Enumera las maneras en que nuestra amistad con Dios podría darse a conocer.*

Capítulo 10

Un caso evidente

2 Corintios 3.12–18

El Espíritu Santo ha liberado y transformado a los cristianos y ahora viven sus vidas reflejando la gloria de Cristo cada vez más.

Luego de haber establecido que el ministerio de Espíritu posee un tremendo poder y produce efectos duraderos, Pablo nos asegura que tiene plena confianza en su predicación del evangelio de esperanza. La plena confianza (3.12) fue una característica de él y los primeros cristianos, tal como lo será para todos los cristianos que hayan entendido a plenitud la certeza del ministerio del evangelio, tal como lo ha referido Pablo.

1. Un ministerio descubierto (3.12–13)

Debido a su plena confianza, Pablo lleva a cabo su ministerio con una total apertura (la palabra que se ha traducido como «plena confianza» nos da a entender que la persona habla «con franqueza»; incluso comunica la idea de que habla con un rostro que no esconde nada). Pablo no tiene nada que ocultar. Una vez más, vuelve a usar el relato de Moisés y en esta sección ofrece un comentario de Éxodo 34.29–35. Moisés se había colocado un velo sobre su rostro. El Éxodo nos da a entender que el pueblo no podía ver la magnitud de tal gloria, y Pablo añade en 2 Corintios 3.13 que el velo tenía el propósito de cubrir el hecho de que el resplandor se estaba extinguiendo. No obstante, incluso aquella gloria que se disipaba era demasiado para la gente pecadora.

Es posible que lo que Pablo da a entender aquí es que, dado que el velo cubría el rostro de Moisés, el pueblo no podía presenciar el resplandor final o no comprendía el propósito final y real de dicha gloria. El antiguo pacto era temporal y señalaba algo superior, pero el pueblo fue incapaz de verlo. Contrariamente a ello, Pablo y los apóstoles podían mostrar sus rostros sin ninguna clase de velo cuando proclamaban el evangelio. Actuaban con plena confianza (v. 12) porque sabían que el ministerio del nuevo pacto sería permanente y vivificante.

2. Mentes embotadas (3.14–15)

En los días de Moisés, el pueblo era incapaz de entender el significado de aquella gloria que se disipaba. Pablo lo describe en 3.14: «la mente de ellos se embotó». Ocurrió una especie de adormecimiento espiritual, que, según Pablo, continúa hasta la actualidad entre muchos judíos. Así, cada vez que leían el Antiguo Testamento, aquel mismo velo se extendía sobre sus mentes y por ello no podían ver la verdad que el antiguo pacto señalaba. Esta era una dolorosa realidad para Pablo, que se identificaba muy profundamente con el pueblo judío, y se sentía muy triste porque habían rechazado a aquel Cristo con el que se había encontrado en el camino a Damasco.

Sabemos que Pablo no solo describe a los judíos que no creyeron, sino también la mentalidad de todos los hombres y mujeres que rechazaron la verdad de Jesús. Nadie es capaz de entender el evangelio solo por medio de un razonamiento intelectual. Tal como afirma en el capítulo 4, las mentes de la gente sufren de ceguera y esto les causa que no puedan ver la verdad (4.4). En 3.14 Pablo se refiere a mentes embotadas y en 3.15 menciona corazones cubiertos por un velo. El pecado que produce rebeldía e incredulidad tiene graves consecuencias que afectan toda nuestra vida. Y se requiere de una intervención sobrenatural para cambiar ello.

3. La iluminación de parte del Señor (3.16)

El velo se elimina solo cuando la persona se vuelve al Señor. Cuando un judío se da cuenta de que el antiguo pacto ha sido superado por el nuevo, por aquella gracia y verdad que proviene de Jesucristo (Jn 1.17), entonces se retira el velo. Esto sucede con todos los que acuden a Cristo, ya sean judíos o gentiles.

4. El Espíritu liberador (3.17)

Aquí tenemos una joya de lo que Pablo enseña, y sirve de guía para su teología: «donde está el Espíritu del Señor, allí hay libertad». Cuando la gente se vuelve al Señor (3.16), es liberada de las ataduras de la ley. Y no solo ello, según Pablo lo explica en su Epístola a los Romanos, la gente es liberada del pecado y la muerte. Los códigos de conducta que han sido escritos, es decir, la letra de la ley, carecen de poder para cambiar nuestras vidas y liberarnos de la esclavitud de nuestro pecado y desobediencia. Se trata de la labor del Espíritu de Dios que nos revela nuestra gran necesidad, nos impone la obra de Cristo en nuestras vidas y nos libera para que podamos servirlo.

5. La acción del Espíritu que nos transforma (3.18)

Esta parte termina con una profunda expresión en torno al privilegio cristiano. El versículo 18 debe leerse junto con el 13, en el que Pablo nos dice que Moisés se ponía un velo sobre su rostro. Aquella gloria se iba desvaneciendo, tal como hemos visto, pero ahora somos transformados a semejanza de Cristo «con más y más gloria». Aquella gloria ha dejado de ser solamente para una persona: Moisés; ahora es para todos los cristianos. No se trata de una gloria que debe ser cubierta con un velo, sino una que debemos mostrar con nuestros rostros descubiertos. Este versículo podría traducirse como «reflejar» o «contemplar» la gloria del Señor, y ambos términos serían adecuados. Por ahora contemplamos la gloria del Señor, a cuya presencia Cristo nos ha llevado. Y en reciprocidad, ahora nosotros reflejamos esta gloria en el mundo y entre nosotros, ya que hemos sido llamados a ser como Cristo.

Pablo ha dicho que los judíos leen el Antiguo Testamento con corazones cubiertos por un velo; pero los verdaderos creyentes, con rostros descubiertos, pueden ver en el espejo del evangelio la verdadera gloria de Cristo. La transformación que Pablo describe nos ofrece un resumen del propósito de Dios para nuestras vidas. Seremos transformados día a día a semejanza de Jesús. Aquel proceso de toda una vida sucede solamente cuando concentramos nuestra atención en Cristo, y gracias a la acción del Espíritu que mora en nosotros (v. 18b). Este mismo Espíritu es el que abre nuestros corazones y nuestras mentes, que nos libera por medio del evangelio y que ahora nos transforma día a día a semejanza de Cristo con más y más gloria.

Tenemos aquí el punto culminante del argumento de Pablo respecto al carácter superior del nuevo pacto, y nos ofrece una profunda descripción no solo de su ministerio, sino también del nuestro. Nosotros, que hemos sido transformados de esta manera, debemos ser ahora ministros de aquel evangelio y reflejar la gloria del Señor crucificado y resucitado en cuya imagen estamos siendo transformados. Nuestro ministerio tendrá las mismas características de la acción en torno a morir y resucitar, y para este reto, Pablo continúa en el capítulo 4.

Preguntas

1. *¿Cuál crees que es la conexión entre la esperanza y la confianza (3.12)?*
2. *«Donde está el Espíritu del Señor, allí hay libertad» (3.17). ¿De qué manera crees que esto se manifiesta en nuestras vidas personales y en la iglesia local?*
3. *Pablo se refiere a una profunda transformación que se lleva a cabo en nuestras vidas. ¿De qué maneras has visto aquellos cambios en tu vida o en las vidas de tus compañeros cristianos de tu iglesia? (Recuerda que es más fácil que tus compañeros vean cambios en tu vida que los que tú mismo puedas ver).*

La gloria

La palabra que los autores bíblicos solían usar para describir la majestad y la deslumbrante luz de Dios es «gloria». Para nosotros, los seres humanos, es imposible que veamos a Dios cara a cara, pero Él nos permite verlo por medio de su gloria. No es algo abstracto, sino visible. Por ejemplo, su gloria se ve en todo lo que ha creado (Sal 19.1), en los milagros de Jesús (Jn 2.11) y, de manera especial, en su muerte (Jn 12.23–24; 17.4).

Adoramos a Dios porque vemos la revelación de su gloria. Lo «glorificamos» por medio de nuestro profundo agradecimiento y entrega obediente (Ro 4.20; 15.5–6, 9; 1Co 6.20; 10.31). La palabra que comúnmente se traduce como gloria en el Nuevo Testamento es *doxa*, y el término que usamos para darle gloria a Dios durante los cultos es *doxología*.

Pero su gloria no solo es algo que debemos buscar y que genera una respuesta cuando lo adoramos. Dios también la imparte a su pueblo. En 2 Corintios 4.6 vemos la manera en que Pablo lo describe, que hace que su luz brille por medio del evangelio en nuestros oscuros corazones. Y en el capítulo 3 vemos la acción del Espíritu Santo, que revela la gloria de Dios en nuestras vidas con una intensidad cada vez mayor (2Co 3.17–18). Es decir, que empezamos a reflejar la semejanza del propio Jesús y así la damos a conocer.

Cuán increíble es que nuestro maravilloso y santo Dios, cuya inaccesible majestad lo identifica como el Rey de reyes, es también aquel que por su Espíritu obra con misericordia con el propósito de transformarnos a su semejanza. Formamos parte de la gloria eterna de la nueva creación, de la que leeremos más al respecto en la parte final de 2 Corintios 4.

Capítulo 11

Un ministerio razonable

2 Corintios 4.1–6

· ·

Es un tremendo privilegio ser ministro del evangelio. Pablo describe los atributos de un ministerio fidedigno, además de los retos y cambios que este espera tener.

· ·

Luego de haber establecido algunas de las diferencias clave entre el antiguo y el nuevo pacto, Pablo escribe ahora acerca del ministro de este. Un ministro es alguien que ha sido llamado a servir. Si bien algunas iglesias usan el término para describir a su pastor, en realidad pertenece a todos los que tienen la firme determinación de compartir el evangelio. El ministerio de Pablo, así como el de todos los cristianos, tendrá características bien definidas, que se explicarán en esta sección.

1. Confiar en la misericordia de Dios (4.1)

Si tuviésemos que identificar el mayor reto que encaran los cristianos en la actualidad, es muy probable que no sea el islam, el ateísmo militante o las actividades del ocultismo, sino un sencillo y simple desánimo. La mayoría de nosotros atravesamos por momentos en los que nos hallamos bajo la presión de darnos por vencidos, de sentir que nuestra labor no vale para nada.

Dos veces en este capítulo Pablo explica que él no cede frente a estos desánimos. «No nos desanimamos» (4.1, 16). Por la misericordia de Dios (v. 1) se le confió a Pablo su ministerio y, tal como hemos visto a partir de 1.1, su sentido de servicio y responsabilidad sirvieron para que pudiera continuar su labor con determinación y valentía. Nuestro ministerio cristiano no depende de nuestras propias fuerzas, sino de la fidelidad de Dios con nosotros. Los cristianos poseen un sentido del deber y también buen ánimo que surge de su supremo llamado a ser buenos administradores del glorioso ministerio de la reconciliación. Pablo nos ha explicado en el capítulo 3 todo lo pertinente al ministerio del nuevo pacto. Ahora debemos sentirnos motivados por nuestra responsabilidad divina para servir a Dios y sentirnos animados por el hecho de que Él proveerá todo lo que necesitamos para dicha tarea.

2. Exponer la verdad con claridad (4.2)

El ministerio cristiano también se caracteriza por su manera directa. Pablo ya escribió que se había comportado con integridad delante de los corintios (1.12–17). Ahora recalca que dicha integridad es una característica fundamental de todo su ministerio. Contrariamente a sus críticos, Pablo es totalmente transparente, pues pone sobre la mesa todos los asuntos (4.2). Su vida privada no es distinta a su vida pública. No es malicioso ni recurre a la astucia y se niega a distorsionar el mensaje. Tal como lo dice en 2.17, no trafica con la palabra de Dios o se alinea con algún partido. Más bien, «mediante la clara exposición de la verdad» (4.2), se dedica a su ministerio.

Quizá alguna vez has visto un acto de magia en el que un mago levanta la mano y la muestra para que la audiencia vea que no esconde absolutamente nada, excepto en la manga. A diferencia del mago, Pablo nos muestra su mano con transparencia; no tiene intención alguna de engañar a su audiencia. Su labor consiste en proclamar fielmente todo el consejo de Dios.

Solamente esta manera de proclamar la verdad puede alcanzar la conciencia de las personas (v. 2). Jamás debemos darnos por vencidos creyendo que la palabra de Dios no podrá alcanzar el corazón de los demás. Tampoco debemos caer en el error de pensar que cualquier cosa aparte de la verdad los alcanzará. Así como Pablo, debemos entregarnos plenamente a la valiente proclamación del evangelio, sea cual fuere la audiencia e ignorando cualquier tentación de cambiar el mensaje para sentirnos a gusto, de lograr una sensación de seguridad o, incluso, de conseguir un beneficio personal. El ministerio de Pablo es fiel a aquel mensaje, como fiel servidor de la causa de Jesús (v. 5).

3. Lograr comprender las realidades espirituales (4.3–4)

Pablo no sufre ninguna ilusión respecto al significado de su fidelidad. Muchos de los que oyen el evangelio llegarán a la conclusión de que es irrelevante. La parábola del sembrador que contó Jesús nos advierte que la palabra será «recibida» de muchas maneras. Para algunos, el evangelio está, de hecho, oculto; se halla encubierto, dice Pablo, «para los que se pierden» (4.3). Él es muy realista; no subestima al enemigo, «el dios de este mundo» que «ha cegado la mente de estos incrédulos» (v. 4).

Siempre se corre el peligro de convertir el ministerio cristiano en un asunto «profesional» y, así, en una rutina más. Todos tenemos nuestro estilo de ministerio al cual ya estamos acostumbrados, además de nuestros programas de evangelización para grupos contemporáneos. Sin embargo, podemos llegar a cometer el serio error de subestimar la seriedad de la guerra espiritual. Olvidamos que no anunciamos la verdad en un ambiente que nos es simpático o neutral, que nos enfrentamos a fuerzas hostiles que batallan sin descanso y tratan de evitar que la gente vea la verdad.

Esta es una de las características de la era en que vivimos (v. 4), lo cual nos presenta un serio desafío. En primer lugar, no debemos ser indiferentes a ello, ya que quienes sufren de ceguera «se pierden» (v. 3) y solo la luz del evangelio puede salvarlos. En segundo lugar, debemos dedicarnos a presentar a Cristo con un sentido de urgencia y oración que por la gracia de Dios pueda deshacer aquella ceguera.

4. Proclamar a Jesucristo como Señor (4.5–6)

Por medio de aquella manera directa que muestra Pablo, nos revela la esencia del ministerio que recibió de parte de Dios: «No nos predicamos a nosotros mismos, sino a Jesucristo como Señor» (4.5). No desea exhibir sus propios intereses u opiniones o fundar un culto a su persona. Es fiel a su llamado al ser fiel al mensaje, en el que Cristo ocupa el lugar central (vv. 4–5). No existe ninguna otra postura posible para la persona que ha sido llamada a proclamar a Cristo. Yo no solo debo asegurarme de que Él ocupe el lugar central; también debo servir al prójimo como parte de dicha tarea: «Nosotros no somos más que servidores de ustedes por causa de Jesús» (v. 5). Los ministros cristianos deberían sentirse más a gusto con un lavatorio y una toalla que con ser el centro de atención del auditorio.

Pablo nos asegura la labor iluminadora de Dios cuando cumplimos nuestra parte en la proclamación de Cristo. Recurre a un ejemplo tomado de la obra de Dios en la creación (v. 6): habló y el orden surgió del caos; la luz expulsó a las tinieblas. De la misma manera, habla su palabra de verdad en nuestros corazones y expulsa la oscuridad para que conozcamos «la gloria de Dios que resplandece en el rostro de Cristo» (v. 6). Es posible que Pablo también esté pensando en la experiencia que tuvo en el camino a Damasco (Hch 9.1–9). En aquel día, el poder iluminador del evangelio logró transformarlo totalmente.

Esta sección muestra que Jesús es la esencia de todo ministerio cristiano. Es «la luz del glorioso evangelio de Cristo, el cual es la imagen de Dios» (2Co 4.4); es la predicación de Jesucristo como Señor (v. 5); es la experiencia de la gloria de Dios «en el rostro de Cristo» (v. 6); y nuestro ministerio que proclama aquel glorioso evangelio es la esencia de nuestro servicio al prójimo «por causa de Jesús» (v. 5). La iglesia sufre siempre la tentación de perder a Cristo como su esencia. Es demasiado fácil que se desvíe por concentrarse en programas, personalidades o un amplio rango de asuntos secundarios, cuando en realidad nuestro principal llamado es dar a conocer a Cristo, quien siempre debe ser el centro de todo. En ello consiste el ministerio cristiano.

Preguntas

1. *¿Qué nos desanima en el servicio cristiano y de qué manera nos ayudan estos versículos para aquellas situaciones?*
2. *¿De qué manera podemos sentirnos tentados a «torcer la palabra de Dios» (4.2) o a predicarnos a nosotros mismos (v. 5) en vez de a Cristo?*
3. *C. S. Lewis dijo una vez que podemos cometer dos errores extremos respecto a Satanás: atribuirle mucho poder o atribuirle poco poder. ¿Cuál crees que debería ser, en la práctica, la postura adecuada?*
4. *La característica más obvia de este pasaje es que se concentra claramente en Jesucristo. ¿Por qué crees que Pablo insiste tanto en que este aspecto cristocéntrico debe ser la esencia del servicio cristiano?*

Capítulo 12

La vida en Cristo

2 Corintios 4.7–15

> El más importante principio de la vida cristiana es estar «en Cristo», porque nos ayuda a reconocer nuestra debilidad, fortalece nuestra fe y nos llena de esperanza.

Ahora que Pablo aborda el tema de la gloria del evangelio, se enfrenta de una manera ineludible a su propia flaqueza y debilidad. De hecho, esta sección es clave para gran parte de esta carta. La identidad de Pablo estaba cimentada en su experiencia de Cristo.

1. La debilidad y el poder (4.7–9)

Pablo recurre a un ejemplo en 4.7 para resaltar el contraste entre la gloria y el poder del mensaje y la debilidad del mensajero. Una ordinaria lámpara de barro, mientras más rajaduras tiene, más luz deja pasar. También puede ser que Pablo tenga en mente una vasija común de barro en la que se ha colocado un valioso tesoro. Su propósito es enfatizar el contraste que se revela a lo largo de la carta: por un lado, la majestuosidad y el poder del mensaje del evangelio, y por otro, la debilidad y fragilidad del mensajero.

La razón de este contraste se expresa en el versículo 7: «para que se vea que tan sublime poder viene de Dios y no de nosotros».

Pablo demuestra ser un buen ejemplo de este principio. Hasta donde se sabe, en lo que concierne a su apariencia física, difícilmente fue un superhéroe y su oratoria no alcanzaba niveles extraordinarios. En su primera carta a los corintios describe su nerviosismo de esta manera: «Es más, me presenté ante ustedes con tanta debilidad que temblaba de miedo. No les hablé ni les prediqué con palabras sabias y elocuentes, sino con demostración del poder del Espíritu, para que la fe de ustedes no dependiera de la sabiduría humana, sino del poder de Dios» (1Co 2.3–5). Y en esta segunda carta describe la desesperación que sufrió en Asia y la manera en que Dios lo llevó hasta este punto extremo con el propósito de que «no confiáramos en nosotros mismos», sino en Él (2Co 1.9).

De hecho, Pablo se regocija de su debilidad (12.9), porque sabe que si la gente se convierte a Cristo, se debe claramente al poder de Dios (1Co 2.5). Esta extraña manera de operar, es decir, que el poder de Dios se manifieste en la debilidad del mensajero, constituye la esencia del evangelio (1Co 1.20–25). Para reforzar la idea, Pablo utiliza una serie de comparaciones en los versículos 8 y 9. Las experiencias que menciona las explica con mayor claridad en la lista de sufrimientos que aparecen más adelante en la carta (2Co 11.23–33). A continuación, ofrece un resumen por medio de cuatro pares de contrastes, que contienen un juego de palabras:[4]

- *Atribulados en todo, pero no abatidos.* Esto se podría comparar con el pugilismo, en el que uno de los contrincantes tiene poco espacio para maniobrar, pero aún no lo han llevado a una esquina o no ha sido noqueado.

- *Perplejos, pero no desesperados.* Como Pablo escribe en el capítulo 1, aunque había estado perdiendo las esperanzas, tenía la certeza de que podía confiar en Dios. El desconcierto por causa de su sufrimiento no significaba que se había rendido totalmente.

- *Perseguidos, pero no abandonados.* La idea detrás del término «perseguidos» es la de la caza de una persona. Pablo sabía qué

---

[4] Nota del traductor: El original en inglés contiene en esta parte una serie de explicaciones idiomáticas que no son posibles de traducir.

era ser cazado por otros; pero, al mismo tiempo, estaba seguro de que Dios jamás lo abandonaría.

- *Derribados, pero no destruidos.* Como en el pugilismo, quizá nos hayan derribado, pero la pelea aún no ha terminado.

Dicho de otra manera, que nuestros recursos humanos se hayan agotado no significa que lo mismo le haya sucedido a Dios (como lo vimos en el capítulo 1). Pablo llegó a descubrir que su debilidad había sido compensada (y superada) por el poder del Señor, y la mejor manera de descubrirlo fue precisamente por medio de aquella debilidad. De hecho, todo ministerio cristiano debe encarar esta paradoja: la debilidad es un requisito necesario para que se manifieste el poder de Dios. Estos momentos de presión, lejos de ser una intromisión en nuestras vidas, deben ser recibidos de buena gana como las mejores oportunidades para presenciar el poder del Señor.

La creyente neerlandesa Betsie ten Boom fue testigo del poder sustentador de Dios en medio de los horrores del campo de concentración de Ravensbruck durante la Segunda Guerra Mundial. Respecto a esta experiencia expresó lo mismo que Pablo en estos versículos: «No hay pozo que sea tan profundo que logre superar la profundidad de Dios».[5]

2. La unión con Cristo (4.10–12)

Los siguientes versículos (4.10–12) resumen los argumentos de los versículos 7–9. Pablo ya ha explicado que el sufrimiento en la vida cristiana es una consecuencia directa de estar unido a Jesús: «participamos abundantemente en los sufrimientos de Cristo» (1.5). Aquí, en el capítulo 4, afirma lo mismo acerca de nuestra identidad de creyentes. Las presiones que experimentamos no son nada más que un reflejo de la muerte de Cristo que llevamos (v. 10). No es un suceso esporádico, sino una característica permanente de lo que significa estar unido a Cristo (la palabra «siempre» aparece en los versículos 10 y 11).

---

[5] Documentado por su hermana Corrie ten Boom, junto con John y Elizabeth Sherrill, *The Hiding Place* (Londres: Hodder & Stoughton, 1972).

De la misma manera, así como la resurrección aconteció después de la muerte de Jesús como una demostración del poder de Dios, igualmente la unión de Pablo con Cristo significó que él experimentaría el mismo poder renovador. El apóstol compartiría la misma experiencia terrenal de su Maestro. Cuatro veces en los versículos 10 y 11 se refiere a la humanidad de «Jesús». Pero no solo Pablo logrará experimentar aquel poder renovador, pues su experiencia de la muerte de Jesús también producirá vida en los corintios (v. 12). Se trata de una verdadera prueba respecto a la genuina preocupación que tenemos por nuestro prójimo. El apóstol parece decirnos que cuanto más sufren, más experimentan la vida del Cristo resucitado: «Todo esto es por el bien de ustedes» (v. 15).

Volvemos al tema principal de la carta, esto es: dado que nuestra vida está unida a Cristo, no podemos eludir nuestras debilidades. Debemos cuestionar toda versión de la vida cristiana o del servicio cristiano que trate de eludir las debilidades o reducir el papel que juegan en nuestra experiencia diaria. Pablo tuvo que pagar un alto precio por el servicio que ofrecía a los demás «por causa de Jesús» (v. 11); pero estas exigentes experiencias de debilidad eran la razón por la que experimentaba al Dios viviente. Pablo dice casi lo mismo en 13.4: «Es cierto que fue crucificado en debilidad, pero ahora vive por el poder de Dios. De igual manera, nosotros participamos de su debilidad, pero por el poder de Dios viviremos con Cristo para ustedes».

3. La razón por la que todo esto vale la pena (4.13–15)

Esta idea central respecto al valor de la debilidad rige la actitud de Pablo en torno a las presiones que acaba de describir. Por ello, llega a tres conclusiones importantes y conmovedoras.

En primer lugar, sobre la base de aquella confianza en Jesús, pudo continuar con su ministerio de proclamación del evangelio. Incluso cuando la experiencia fue costosa en términos de su sufrimiento personal, no pudo quedarse callado. En 4.13 cita el salmo 116.10, en el que el salmista expresa que fue librado de una experiencia cercana a la muerte, con sus devastadores efectos emocionales, muy parecidos a la experiencia que Pablo describió en el capítulo 1. Dios había librado al salmista y ahora hacía lo mismo con el apóstol, así que tenía la determinación de no darse por vencido, sino de continuar su ministerio con el mismo espíritu de fe del autor del salmo. Ese también debería ser nuestro lema: «Creí, y por eso hablé» (v. 13).

La siguiente conclusión positiva aparece en el versículo 14, con el mismo sentido de confianza. Pablo continuaría con su misma labor de proclamar el evangelio, con altibajos y todo, porque sabía que era algo que valía la pena. Sabía cómo terminaría todo. Estaba plenamente convencido de que un día estaría en la presencia de Dios, junto con los creyentes corintios, porque Él lo resucitaría junto con Jesús (v. 14). Todas las presiones y sufrimientos desaparecerían. Su ministerio concluiría y allá en el cielo estaría el fruto de su labor: los creyentes corintios y todos los que confiaron en Cristo gracias a su trabajo. Es interesante notar que una vez más recalca que todo se relaciona con nuestra identidad en Cristo: todos seremos resucitados «con Jesús».

Su tercera conclusión es que todas las pruebas por las que atraviesa en estos momentos son para el bien de los corintios y la gloria de Dios. Esta es otra muestra de cuán grande es el corazón de Pablo y la pureza de sus motivos. Ser un ministro del evangelio era un trabajo muy duro que a él le costó todo lo que tenía. Sin embargo, pudo encarar todas esas dificultades porque para Pablo no era un negocio, sino un trabajo para el bien del prójimo: fue por el bien de ellos (vv. 5, 15), porque fue por causa de Cristo (v. 11). Y no solo esto, pues en última instancia produjo lo único que vale la pena: la gloria de Dios (v. 15).

La secuencia que aparece en el versículo 15 es una encantadora descripción del impacto del evangelio. Se trata de la gracia de Dios que opera una vez más. Aquella gracia alcanza un número cada vez mayor de personas, cuyo resultado produce más acción de gracias, la cual, a su vez, origina una abundante declaración de la gloria de Dios. Esta secuencia hizo que todo valiera la pena para Pablo, y también puede marcar la diferencia en nosotros. Podemos soportar muchas situaciones si tomamos conciencia de que al final la gracia de Dios logrará impactar muchas vidas. Veremos que su pueblo se regocija de las victorias de Él y que su gloria será el propósito final de todo lo que hemos sufrido.

Preguntas

1. *Nos inclinamos a creer que nuestras debilidades harán que no podamos servir a Cristo como debiéramos o que serán un obstáculo para el avance del evangelio. ¿De qué manera piensas que estos versículos pueden cambiar esta perspectiva?*

2. *A pesar de toda clase de presiones, en estos versículos Pablo manifiesta sus firmes convicciones. Haz una lista de las tuyas e intenta convertirlas en declaraciones de fe para la actualidad; por ejemplo, empezando con «Creemos que…».*

3. *¿Qué nos sugiere 4.15 respecto a la razón por la que debemos rendirle culto a Dios? (ver también 1.10–11). ¿Cómo podemos asegurarnos de que este culto surja de una experiencia viva de la gracia de Dios?*

Capítulo 13

El mundo palpable

2 Corintios 4.16–18

El mundo que nos rodea no es lo que parece. Pablo recurre a tres contrastes para mostrarnos lo que realmente vale la pena.

A los cristianos a veces se los acusa de querer construir castillos en el aire y de no tener los pies en el suelo. Sin embargo, esto raramente le ocurre al verdadero cristiano, y de hecho no es una descripción adecuada de Pablo. A él le inspiraba constantemente el camino que tenía por delante, y el ministerio que desarrollaba cada día se fortalecía grandemente debido a su perspectiva sobre la eternidad. No es fácil para los cristianos de hoy tener esta perspectiva. Se nos fuerza a pensar que nuestra verdadera vida sucede aquí y ahora, y esto afecta nuestros valores, aspiraciones y actitudes.

Por medio de tres juegos de contrastes, Pablo dirige su atención hacia la verdadera realidad: la eternidad. Esta perspectiva es la que una vez más ocasiona la expresión «no nos desanimamos» (4.16). Pablo usó la misma frase en el versículo 1 de este mismo capítulo, en donde leemos que fue el glorioso ministerio del nuevo pacto lo que lo animó a seguir adelante. En este versículo 16 la motivación para su ministerio consiste en la noción de lo que Dios está haciendo en él y en todos los verdaderos creyentes, respecto a las realidades eternas. Pablo describe tres importantes contrastes en los versículos 16–18.

1. Por fuera nos desgastamos y por dentro nos renovamos (4.16)

No es necesario que se nos recuerde que nuestros cuerpos se van deteriorando, que, como leemos, «por fuera nos vamos desgastando» (4.16). A pesar de nuestros mejores esfuerzos, ello es irreversible. Ya sea que intentemos mantenernos en forma físicamente por medio de ejercicios y dietas o tiñéndonos el cabello, es imposible detener nuestro declive. Llegará el día en que volveremos a ser polvo. Ahora que Pablo reflexiona en torno a las experiencias que nos describió anteriormente, aquellas que causaron que lleve en su cuerpo la muerte de Jesús, siente que su vida física actual es vulnerable y frágil, lo cual hace que nos recalque el poder renovador de Dios, a lo que ya se ha referido anteriormente. Sin embargo, en contraste con el desgaste que siente por fuera, el verdadero Pablo se va renovando día a día.

Nuestra vida interior, aquella a la cual el capítulo 4 describe como la vida en Cristo, se mantiene fresca, con nuevos bríos y vitalidad. Nos queda claro que Pablo sigue con el tema de la debilidad y el poder, que abordó al principio de este capítulo. A medida que nos vamos haciendo viejos, nuestra fragilidad puede ser el motivo para que el poder de Dios nos renueve interiormente. Este contraste por lo general se ve en gente mayor. Quienes no son cristianos pueden a veces volverse personas amargas y ásperas cuando llegan a la vejez, por lo que se encierran en asuntos insignificantes y actitudes egoístas al ver que sus horizontes se han reducido. Cuando era estudiante, solía visitar cada semana a un anciano cristiano de ochenta años, quien vivía solo y estaba muy agradecido por la amistad que le había brindado. Sin embargo, era yo el que más se beneficiaba de aquella amistad gracias a sus anécdotas respecto a su fe cristiana, sus esperanzas de la vida eterna y sus oraciones por la obra mundial de Dios, lo cual me producía un tremendo ánimo. Su desgaste externo era evidente, pero su renovación interna era la característica más impresionante de su verdadera persona.

2. Los sufrimientos efímeros y la gloria eterna (4.17)

Quizá nos sorprenda leer que Pablo describe sus sufrimientos como «ligeros y efímeros» (4.17), pues, como hemos visto, eran reales, dolorosos y prolongados. Pero el sufrimiento cristiano, si bien es doloroso, ocurre solamente en esta vida y, si lo comparamos con la gloria eterna, es insignificante.

Pablo ahonda más en el contraste entre los sufrimientos efímeros y la gloria eterna. Nos dice que el sufrimiento «produce» algo para el futuro. Esto lo debemos relacionar con el versículo 18, en el que nuestros sufrimientos nos alientan a desarrollar una perspectiva eterna, fijando nuestra mirada, nuestras aspiraciones y nuestros esfuerzos en lo que es duradero.

A menudo Pablo relaciona el sufrimiento con la gloria. Forma parte del tema que ya ha tratado: experimentamos sufrimiento y gloria por causa de nuestra unión con Cristo. Su testimonio en este capítulo afirma que las pruebas son una consecuencia inevitable de la vida que compartimos con Jesús. También se nos ha prometido un hogar celestial, una gloria eterna «que vale muchísimo más que todo sufrimiento». Anteriormente, Pablo describió las presiones que lo agobiaban; pero, desde la perspectiva de la eternidad, eran minúsculas. El apóstol logrará experimentar pronto el peso de la gloria de Dios. Sus problemas son temporales; su experiencia de la gloria será eterna. Y con ello pasamos al tercer contraste.

3. Lo visible y lo invisible (4.18)

Nuestro mundo da una gran importancia a los tesoros en la tierra e ignora los del cielo. Para muchos de nuestro entorno, especialmente en sociedades occidentales, la filosofía dominante es «comamos y bebamos que mañana haremos dieta». Solo les concierne vivir el presente al máximo. Para muchos, la dura y blanca sonrisa de la calavera se burla de todas las religiones, así que ahora es tiempo de ganar dinero y disfrutarlo. Para que los cristianos logremos pensar de una manera distinta, es necesario un cambio radical de pensamiento. Ello solo es posible si fijamos nuestra vista en lo invisible, no en lo visible.

Jesús nos dijo en las bienaventuranzas (Mt 5.3–10) que sus principios no eran los de este mundo, sino los del reino de Dios. Él se logró colar en la vitrina de esta vida y pudo intercambiar las etiquetas de precio de los artículos que se exhibían allí. De este modo, lo que tenía gran precio, ahora no vale nada, y lo que no valía casi nada, se ha tornado valioso. Aprender a valorar las cosas que no se ven, las eternas, es parte de nuestro discipulado cristiano. Pablo nos explica que las pruebas por las que atravesamos nos ayudarán a valorar aquello. Lo eterno nos ayuda a darnos cuenta de que este mundo, nuestro cuerpo físico, se va deteriorando por causa del pecado y que lo que realmente importa es la renovación interna que experimentemos y la gloria eterna.

Preguntas

1. *¿Qué crees que significa para ti el proceso de renovación interna? ¿De qué manera podemos lograr que mejore en nuestras vidas?*
2. *¿Cómo definirías el cielo? Escribe tus ideas al respecto y compáralas con las que expongan los demás. ¿Crees que la manera en que vives tu vida tiene algún impacto en ello?*
3. *¿Cómo podemos vencer las fuertes presiones de nuestra cultura, que da prioridad a «lo visible», al mundo físico? ¿Qué quiere decir Pablo cuando nos pide que fijemos nuestra mirada en lo invisible? Piensa en algunos ejemplos prácticos.*

Capítulo 14

Nuestro futuro hogar

2 Corintios 5.1–5

Los cristianos no debemos temer a la muerte, porque
Dios nos tiene preparado un nuevo hogar y nos ha dado
su Espíritu en señal de garantía.

Michio Kaku es profesor de física teórica. En su libro *Visions*
escribió un capítulo titulado «¿Será posible vivir para siempre?», en el
cual afirma lo siguiente:

> Cualquiera que se haya mirado detenidamente al espejo y se
> haya dado cuenta de la inexorable cantidad de arrugas, la piel
> flácida y los cabellos canosos, anhelará tarde o temprano volver a
> tener aquella juventud eterna [...]. No importa cuán adinerado,
> poderoso, glamoroso o influyente seas, encarar la vejez significa
> enfrentarse a la realidad de tu propia muerte.[6]

Si bien es cierto que somos capaces de mejorar la calidad y la duración
de la vida, la ciencia no ha podido resolver el problema de la muerte.
Seguimos sometidos a su poder. En los versículos finales del capítulo
anterior, Pablo escribió acerca de la importancia de ver la vida desde

---

[6] Michio Kaku, *Visions: How Science Will Revolutionize the 21st Century and Beyond*
(Oxford: Oxford University Press, 1998), 201.

una perspectiva distinta. A diferencia del deterioro y el sufrimiento de nuestra existencia temporal y presente, nos habló de la renovación interior, la futura gloria y la visión de la eternidad (4.16–18). Quizá esta sea la primera vez que tuvo que encarar su propia mortalidad (ver también 1.8). Ya hemos visto que muchas veces se encontró cerca de la muerte durante su labor misionera y, ya que había sufrido las presiones a las que se refiere en su carta, quizá empezaba a llegar a la conclusión de que moriría antes del retorno de Cristo. Pero esta posibilidad no le causaba ningún temor ni por ello detuvo su ministerio. Más bien, sucedió todo lo contrario, tal como lo explicaremos en la siguiente sección.

Prosigue reflexionando respecto a la futura esperanza del cristiano y nos explica que podemos vivir con confianza cuando la muerte se presente, y que por medio del sufrimiento podemos vislumbrar la futura gloria. Estos versículos nos ofrecen plena confianza.

1. Seremos revestidos (5.1–3)

Gracias a que su oficio es fabricar tiendas de campaña, a Pablo inmediatamente se le viene a la mente la siguiente ilustración. Por haber sufrido mucho, se ha dado cuenta de que su cuerpo es frágil y vulnerable, por lo que un día se tendría que deshacer como una tienda de campaña. Sin embargo, tiene la plena certeza («De hecho, sabemos» es enfático en 5.1) de que una tienda de campaña así de frágil será remplazada por algo mucho más firme y duradero, diseñado y construido por Dios. Sería «una casa eterna en el cielo».

En 1 Corintios 15, Pablo ya se había referido al carácter central de la resurrección de Jesús en la vida y la esperanza cristiana. Debido a nuestra unión con Cristo, nosotros también tendremos cuerpos resucitados. Ello será obra de Dios, como Pablo lo recalca en los primeros versículos de este capítulo: «no construida por manos humanas» (5.1). Dijo lo mismo en el capítulo anterior: «Pues sabemos que aquel que resucitó al Señor Jesús nos resucitará también a nosotros con él y nos llevará junto con ustedes a su presencia» (4.14). Existe la posibilidad de que Pablo haya querido responder así a los falsos maestros de Corinto que no creían en una resurrección física y real. Pablo se preocupa por recalcar que no estaremos flotando en el cielo como si fuésemos espíritus desencarnados: «no se nos hallará desnudos» (5.3). Más bien, seremos revestidos de nuestra morada celestial (vv. 1–2).

2. No encararemos las angustias de nuestra propia muerte (5.4)

Pablo nos explicó que nuestra frágil tienda de campaña será remplazada por un edificio permanente. Ahora recurre a otra ilustración: así como cuando un pez grande se come a uno chico, nuestra muerte será absorbida «por la vida» (5.4). Se trata de un aspecto maravilloso de la esperanza cristiana. Si bien el avance de la ciencia puede llegar a prolongar nuestra vida o mejorar su calidad por medio de terapias hormonales o trasplante de órganos, las inevitables limitaciones de nuestro cuerpo físico nos van confrontando a medida que vamos envejeciendo. Pero llegará el día, dice Pablo, en el que aquellas limitaciones desaparecerán del todo.

Una vez más, nos ofrece una importante perspectiva respecto a nuestro sufrimiento presente. No podemos eludir las cargas de nuestra vida mortal, pero sabemos que lo mortal será absorbido y que en nuestro nuevo hogar lograremos experimentar la vida del Espíritu en toda su plenitud. Todo ello constituye la finalización de nuestra renovación interior de la que Pablo escribió en el capítulo anterior (4.16).

3. Mientras tanto nos sentimos agobiados (5.2, 4)

Dos veces en estos versículos Pablo nos dice que «mientras tanto suspiramos» (5.2-4). Esta manera de expresarse es parecida a la sorprendente descripción que en Romanos 8 ofrece respecto al futuro, en donde afirma que, junto con toda la creación, nosotros también «gemimos interiormente, mientras aguardamos [...] la redención de nuestro cuerpo» (Ro 8.19-23; ver también Fil 3.20-21). Hasta que llegue aquel día, experimentaremos cierta ansiedad, que es parte de la tensión de tener que vivir en el mundo presente aunque seamos ya ciudadanos del mundo que vendrá. Aguardamos con ansias el día en que seamos revestidos con nuevos cuerpos. Este sentimiento de agobio es una prueba de la obra del Espíritu, porque anhelamos aquel día en que no habrá más sufrimiento, ni lágrimas ni muerte.

Con el propósito de hacernos reflexionar sobre la certeza de todo ello, Pablo nos hace tomar conciencia de este asunto por medio de dos sólidas afirmaciones.

4. Dios lo tenía todo ya pensado (5.5)

«Es Dios quien nos ha hecho para este fin» (5.5). El énfasis recae sobre la palabra «Dios». *Dios* nos ha preparado para ello. «El que comenzó tan buena obra en ustedes la irá perfeccionando hasta el día de Cristo Jesús» (Fil 1.6). Nuestro futuro hogar celestial es el cumplimiento de los planes de Dios, de los cuales nadie podrá desviarlo. Nada de la experiencia de Pablo o la de nosotros hará que Él desista de sus planes porque estos lograrán su cometido.

En torno al tema de la esperanza, Ivan Klima resume en su libro *El espíritu de Praga,* la manera en que la gente percibe el futuro: «Ya que la muerte es el único absoluto de la vida, toda esperanza es relativa, una ilusión que tan solo sirve de ayuda para que el ser humano pueda subir al patíbulo».[7] Pero lo que Pablo afirma nos asegura que la muerte, aunque real e inevitable, no es el telón final que Klima da por sentado. El propósito de Dios para todos aquellos que han confiado en Cristo trasciende la derrotada muerte, lo cual se corresponde con buen y eterno plan para su creación.

5. Dios nos ha dado una señal (5.5)

Dios nos ha dado el Espíritu «como garantía de sus promesas» (5.5). El Espíritu Santo es la primera entrega de todo lo que vendrá en la eternidad. La presencia del Espíritu Santo significa que Dios nos ha garantizado un futuro cierto y seguro. La obra que el Espíritu realiza en nuestras vidas hoy es renovarnos diariamente (4.16). Nos da poder para que vivamos nuestra nueva vida, a pesar de las frustraciones de nuestra existencia mortal. El Espíritu hace posible que Jesús sea real en nuestras

---

[7]   Ivan Klima, *The Spirit of Prague* (Londres: Granta Books, 1994), 81. Hay traducción del checo al español, *El espíritu de Praga* (Barcelona: Acantilado, 2010).

vidas, a pesar de las distracciones de nuestra naturaleza pecaminosa y del mundo que nos rodea. Por ello, su labor es una señal del futuro, la prueba de los planes de Dios para llevar a término la renovación que el Espíritu ya ha empezado.

Es muy fácil para nosotros los cristianos hablar con confianza acerca del futuro, hasta que de pronto se nos presenta la muerte, la de algún amigo, un pariente o incluso, la nuestra. En aquellos momentos necesitamos tener la plena seguridad de que las sólidas promesas y garantías de esta sección de la carta de Pablo se han anclado en nuestros corazones y nuestras mentes. Tenemos el emotivo testimonio acerca de la realidad de estos versículos gracias a lo que el evangelista británico David Watson escribió respecto a sus sentimientos cuando atravesaba los meses finales de su lucha contra el cáncer:

> Durante muchos años le he estado diciendo a la gente que no le tengo temor a la muerte. Sé muy bien la realidad de Cristo en mi propia experiencia. Él ha hecho que Dios sea real en mi vida y me ha prometido que un día me recibirá en su hogar celestial. Al mismo tiempo, me he dado cuenta de que el tiempo ha llegado para que entregue mi toda mi vida en las manos de Dios una vez más y para que renueve mi confianza en él por todo lo que me espera por delante.[8]

* * *

Preguntas

1. *Sabemos que la muerte es lo último que la gente quisiera discutir, ¿pero por qué a veces los cristianos también temen hablar del tema? ¿De qué manera un pasaje como este cambia nuestras emociones, aspiraciones y perspectivas respecto al futuro?*
2. *¿De qué forma compartes los mismos suspiros y agobios que sentía Pablo (5.2–4)?*

---

[8] David Watson, *Fear No Evil* (Londres: Hodder & Stoughton, 1984), 30.

3. *¿Cómo podemos ayudarnos los unos a los otros para enfrentar el proceso de envejecimiento y la certeza de la muerte por medio de un mayor sentido de confianza y seguridad?*

La resurrección

La descripción que en el capítulo 5 Pablo ofrece respecto a la resurrección de nuestros cuerpos expande sus enseñanzas de 1 Corintios 15.25–28.

El concepto de la resurrección aparece en varios lugares en el Nuevo Testamento. Tenemos algunos ejemplos de aquellos que fueron resucitados, como el hijo de la viuda (Lc 7.14) y Lázaro (Jn 11.43–44); pero debemos notar que fueron resucitados para una vida mortal y que, en última instancia, llegarían a morir otra vez. También se describe a los cristianos en términos de que «han resucitado con él», que indica una resurrección espiritual que define nuestra nueva vida en Cristo (Col 2.12).

El punto central de todo esto es la resurrección corpórea de Cristo, hecho clave que garantiza la resurrección de todos los que confían en Él (1Co 6.14). Pablo usa el concepto de los primeros frutos o las primicias para describir esta realidad: «Lo cierto es que Cristo ha sido levantado de entre los muertos, como primicias de los que murieron» (1Co 15.20; ver también 15.23). Dado que Cristo ha resucitado, lo seguirá una gran multitud.

Es natural que se haga la siguiente pregunta: ¿qué ocurre exactamente cuando un creyente muere antes del retorno de Cristo? Por un lado, Pablo da a entender que sucede una existencia consciente en 2 Corintios 5.8 y Filipenses 1.23: «ausentarnos de este cuerpo y vivir junto al Señor». Por otro lado, el Nuevo Testamento también usa una terminología en torno al sueño, la que para algunos da a entender una especie de «estado intermedio» hasta que el Señor retorne.

En primer lugar, es importante reconocer que estamos sujetos al tiempo. Dejar esta vida significa que ya no estaremos sujetos al tiempo, y por ello se nos hace difícil pensar en otras categorías. En segundo término, si bien hay algunos pasajes que dan a entender que hay un tiempo de espera (los mártires de Apocalipsis 6.9–11 aparecen en un estado de espera y anhelo por el cumplimiento final del plan de Dios), otros pasajes sugieren que los creyentes que hayan muerto estarán con Cristo cuando retorne (1Ts 3.13; 4.14).

Las palabras que Jesús dirigió al ladrón agonizante (Lc 23.43) también nos alientan a creer que el primer momento consciente que tendrá el creyente después de la muerte será con la venida del Señor y la resurrección.

No se nos da mucha información acerca del aspecto que tendrán nuestros cuerpos resucitados. Pablo enseña en 1 Corintios 15.38 y 2 Corintios 5.1–2 que todo ello será obra de Dios. También sabemos que serán cuerpos libres de enfermedades y descomposición (1Co 15.42–43). La resurrección de los creyentes formará parte de toda la renovación de la creación, la que Pablo exalta en Romanos 8.1–25. Por ahora, aguardamos con ansias el retorno de Cristo. «Él transformará nuestro cuerpo miserable para que sea como su cuerpo glorioso, mediante el poder con que somete a sí mismo todas las cosas» (Fil 3.20–21).

Capítulo 15

Mantener la perspectiva

2 Corintios 5.6–10

Saber que tenemos un futuro incuestionable, tiene consecuencias vitales para la vida presente.

Cada vez que los escritores del Nuevo Testamento abordaron el tema del futuro, llegaron a conclusiones inevitables para el presente. Mientras alentaban a sus lectores a mantener una perspectiva en la eternidad, al mismo tiempo mostraban cuánto de aquella esperanza repercutía en la vida diaria de los cristianos. Pablo hace lo mismo, y en esta sección nos sigue describiendo el futuro, pero presentándonos una serie de inferencias para nuestra vida en el presente.

1. Vivimos por fe, no por lo que vemos (5.6–8)

Estos versículos exhalan un espíritu que nos da confianza. La certeza de Pablo en torno al futuro domina su pensamiento y, a pesar de las presiones que enfrentaba cuando escribió esta carta, pudo decir que «mantenemos siempre la confianza» (5.6). Tenía la certeza de que un día estaría con Cristo. Siempre y cuando siguiera viviendo en su cuerpo, estaría lejos del Señor, así que es evidente que quería mudarse de lugar. Pablo prefería vivir con el Señor (vv. 6–8), pero hablar de esta manera podía causar que sus lectores interpretaran que no lo conocía en el presente. Pueda que estemos «alejado[s] del Señor» en lo que concierne a su existencia física, pero todos los cristianos disfrutamos de su compañía en el presente. Tal como lo recalca en el versículo 7, «vivimos por fe, no por vista». Esperamos con ansias el día en que finalmente logremos estar con Cristo, pero por el momento vivimos nuestras vidas en unión con Él, teniendo fe en Él y en su evangelio salvador.

Esta sencilla frase, «por fe, no por vista», es muy importante para que la actitud respecto a la vida cristiana logre tener la forma correcta. Pablo está seguro acerca del buen propósito de Dios para el futuro, pero es realista acerca de la vida presente. No espera que todo respecto al futuro se logre cumplir ahora; está consciente de que seguirá encarando presiones, que continuará «suspirando y agobiado» (v. 4). Su vida presente se caracteriza por la fe, tanto por lo que Dios ha hecho como por lo que en última instancia hará en el evangelio. Ha sido rescatado de las consecuencias del pecado, del juicio y la muerte; ahora la presencia y protección de Dios lo salva; y un día será salvado cuando todo llegue a su cumplimiento en el día de Cristo. Así que está plenamente consciente de que hay más cosas que deben suceder; algunas de las cuales aún no son visibles. «Vivimos por fe, no por vista» (5.7).

Al resaltar esta realidad presente, Pablo pone énfasis en el mensaje que nos dio unos versículos antes: «Así que no nos fijamos en lo visible, sino en lo invisible» (4.18).

2. Nos empeñamos en agradar a Dios (5.9)

La esperanza futura que Pablo nos describe nos sirve de incentivo para tener una suprema aspiración: agradar a Dios. Todas las demás aspiraciones humanas deben ser secundarias a esta meta principal. Regresaremos a este tema más adelante en 2 Corintios 5, cuando Pablo deduzca que, a la luz de la obra de Cristo en la cruz, «él murió por todos, para que los que viven ya no vivan para sí, sino para el que murió por ellos y fue resucitado» (v. 15).

Se trata de algo que nos da un gran aliento y corrige nuestras motivaciones. Cuando encaramos las críticas de los demás o sentimos que nuestros mejores esfuerzos de servicio cristiano al prójimo no son reconocidos o recompensados, podemos hallar consolación en el hecho de que al final rendiremos cuentas a Dios. Nos empeñamos en agradar a Cristo, no a otros. Pero también corrige nuestras motivaciones, porque hay muchos momentos en nuestras vidas cuando descubrimos que nuestras más profundas motivaciones son simples deseos egoístas. Así que, a la luz de lo que Cristo ha hecho en la cruz, y a la luz de lo que el futuro ofrece, es importante que usemos este versículo como un filtro por el que pasen nuestras ambiciones y deseos. Debemos tener como meta agradar a Dios, anticipando el día en que estaremos con Cristo.

3. Somos responsables por nuestros actos (5.10)

Pablo describe un aspecto más respecto al futuro del cristiano. Describe nuestro juicio y, al hacerlo, establece una conexión entre esta sección de la carta, en torno al futuro, y la siguiente sección, en la que ruega a los corintios que se dediquen al ministerio de la reconciliación. ¿Pero de qué se trata este juicio que los cristianos deben comparecer? ¿Será cierto que Cristo nos ha salvado y que ya no tendremos que encarar ninguna condenación futura?

El juicio al que Pablo se refiere no es uno respecto a nuestro destino eterno. Más bien, se trata de una ocasión en la que daremos cuenta de la manera en que hemos vivido nuestras vidas, es decir, un juicio en torno a cómo hemos llevado nuestra vida cristiana. La enseñanza que Pablo escribió en su primera carta a los corintios (1Co 3.11–15) nos sirve de ayuda. Nos explica cuán importante es asegurarnos de que nuestras vidas sean edificadas sobre el fundamento que es Cristo. Él es el cimiento que resistirá todas las pruebas. Estaremos seguros si nuestras vidas están cimentadas en Él. Pero hay más que decir. La interrogante permanece: ¿cómo edificamos sobre aquel cimiento?, ¿usaremos materiales no duraderos como la madera, el heno y la paja, o nobles como el oro, la plata y las piedras preciosas? Llegará el día en que la calidad de nuestra edificación sea probada. En aquel día del juicio, ¿sobrevivirá o se esfumará en una nube de humo?

El ejemplo que Pablo usa se parece al cuento del lobo y los tres cerditos. Cada uno decide construir una casa. La primera es de paja, la cual el lobo fácilmente destruye con un soplo. El primer cerdito huye a refugiarse con el segundo, cuya casa está hecha de madera. El lobo logra destruir también esta casa y los dos cerditos huyen a esconderse en la tercera casa, que es de ladrillo, por lo que, pese a sus grandes soplos, no puede destruirla. La moraleja de este cuento para niños es clara: es importante el modo en que construyes tu casa. Y el punto que Pablo nos quiere enseñar es igual de directo: la manera en que vives tu vida ahora tendrá consecuencias para toda la eternidad. Pablo menciona el hecho de que el juicio que tendremos que comparecer en aquel día será muy práctico: «para que cada uno reciba lo que le corresponda, según lo bueno o malo que haya hecho mientras vivió en el cuerpo» (2Co 5.10). Todo será expuesto. Aquel día del juicio para los cristianos no tiene el propósito de nublar nuestra esperanza o apagar nuestro gozo frente a la promesa de estar con Cristo, sino, más bien, estimularnos para que seamos siervos fieles y recordarnos que debemos vivir para Cristo. ¿De qué manera pongo en práctica mis dones, mis conocimientos y las tantas oportunidades que Dios me da? Todo esto es importante, nos dice Pablo, a la luz del futuro. ¿Haremos memoria de nuestras vidas y veremos que lo único que logramos construir fueron cosas temporales u obras que duran toda la eternidad?

A lo largo de esta sección, Pablo nos muestra que la esperanza futura no nos hace menos dedicados al presente, sino que nos motiva plenamente para vivir nuestras vidas para Dios, bajo la guía de los tres incentivos que nos ha dejado. Debemos vivir por fe y no por vista, empeñarnos en agradar a Dios y evitar autocomplacernos, y hacerlo con miras a la eternidad y no para este mundo.

Preguntas

1. *Pablo preferiría dejar este mundo y estar con el Señor (5.8). ¿Significa ello que no le importa este mundo? ¿De qué manera podríamos mantener el equilibrio entre la promesa del cielo y el cuidado y la satisfacción por el mundo de Dios aquí y ahora?*

2   *¿Será posible tener aspiraciones en la vida cristiana, como la superación profesional o el éxito en los negocios? Si es posible, ¿cómo podemos reconciliar ello con las enseñanzas de Pablo respecto a que debemos empeñarnos en agradar a Cristo?*

3.   *¿Cuál es el impacto, en términos prácticos, que el juicio futuro ejerce en tu trabajo y conducta en la actualidad? En tu grupo de estudio, escribe unas cuantas ideas bajo el encabezado «Hoy es mi último día de vida».*

Capítulo 16

Lo que nos motiva para el ministerio

2 Corintios 5.11–15

El servicio al prójimo que rinden los cristianos no está sujeto a intereses egoístas, sino que surgen de motivos muy distintos, relacionados con el compromiso que tenemos hacia Dios y el amor a nuestro prójimo.

No hace mucho se me pidió que entrevistase a un joven profesional para un cargo en una organización cristiana que operaba por toda Europa. Le pregunté la razón por la que deseaba trabajar en esta clase de servicio cristiano. Me respondió que se debía a dos razones: la primera, lograr seguridad económica; la segunda, que ello le permitiría viajar por toda Europa. Cualquiera que forme parte del ministerio cristiano sabrá de inmediato que dicha respuesta no solo es ingenua en términos de expectativas, sino también egoísta como motivación, porque todo ministerio cristiano tiene un alto costo, como lo hemos visto en esta epístola. Y no solo ello, pues, para que los cristianos logren sobrevivir los altibajos de esta labor, deben tener bien cimentadas y claras sus motivaciones esenciales.

En esta sección, Pablo prosigue describiendo las características de su ministerio y nos da a conocer sus motivaciones para servir al prójimo. Estas se ciñen no a intereses egoístas, sino a una entrega para servir a Cristo y al prójimo.

1. Temer al Señor (5.11)

A la luz del versículo anterior respecto al serio tema del juicio futuro, Pablo empieza esta sección en torno al ministerio de la reconciliación mostrándonos que una respuesta adecuada es «temer al Señor» (5.11). Con ello no se refiere a una especie de temor servil, sino a un sentido de asombro. Somos responsables frente al Juez y por ello tenemos una razón para vivir nuestras vidas como buenos administradores, conscientes de que algún día deberemos rendir cuentas.

En especial, el temor del Señor debería motivarnos a que persuadamos a los demás respecto a su necesidad del evangelio de reconciliación. Hemos visto la manera en que Pablo manifiesta con frecuencia que depende del Señor («es Dios quien nos ha hecho para este fin», 3.5), y bien sabe que su ministerio pertenece al Espíritu. Sin embargo, a menudo se dedica a persuadir, razonar y argumentar, confiando en que el Espíritu pueda abrir la mente de sus interlocutores.

El juicio futuro debería causar en nosotros temor de Dios, el cual debería motivarnos a persuadir a los demás para que se vuelvan a Cristo y huyan de la ira venidera.

2. Transparencia (5.11–12)

Como parte de su defensa en contra de los ataques de sus críticos, anteriormente Pablo nos dijo que fue transparente y que todo lo hizo de manera abierta (2.1; 4.2). En esta sección recalca lo mismo, que «para Dios es evidente lo que somos», lo cual los corintios también lo saben. Sus motivos son claros. No trata de lograr que lo reconozcan pretendiendo ser alguien que no es. Así como en el día de juicio, cuando los libros serán abiertos (5.10), su vida es ahora transparente, está a la vista de todos.

Una vez más, anticipa las objeciones que alguien pueda presentar. No se enorgullece (v. 12), sino que trata de corregir la perspectiva de los corintios. Menciona que sus críticos tienen un punto de vista equivocado respecto a la manera en que se debe juzgar a un verdadero apóstol, lo cual trata de combatir. Lo que vale la pena, dice él, es el interior no el exterior, es decir, un corazón que está del lado de Dios y que busca su reino, no una manifestación externa de alguien que se cree un valiente héroe o que tiene una elocuencia admirable.

Jamás es fácil saber cuáles son nuestros verdaderos motivos. Nuestro servicio cristiano al prójimo con frecuencia está contaminado por intereses egoístas, orgullos y beneficios materialistas. La clase de transparencia a la que se refiere Pablo es una cualidad que debemos fomentar, y el lugar donde debemos empezar es la presencia de Dios. Entonces podremos afirmar: «Para Dios es evidente lo que somos»; asimismo, podremos decirles a los demás: «y espero que también lo sea para la conciencia de ustedes».

3. Preocupación por los demás (5.12–13)

Luego de todo lo que hubo escrito Pablo hasta este momento, los corintios debieron haber entendido que el ministerio del apóstol se preocupaba por el bienestar de ellos. No solo los ayudó a que pudieran responder a sus críticos (5.12); también les explicó que su actitud y conducta se regía de manera consistente por el deseo de servirles y dar la gloria a Dios (v. 13). No hay rastro alguno de deseos egoístas, tal como lo explicará con mayor detalle en el versículo 15.

No es fácil descifrar lo que Pablo quiso decir en el versículo 13. Algunos quizá insinuaban que estaba loco. Pensaban tal vez que todo aquel trabajo duro y su profundo sufrimiento de seguro eran señales de algún trastorno mental, o que aquellas experiencias espirituales y el hablar en lenguas le habían causado algún daño emocional. Pero Pablo insistía en que ese asunto solo lo podía juzgar Dios. Cada aspecto de su vida, incluso aquellos que los demás consideraban extremos, era dirigido por el deseo de servir al Señor y a su pueblo.

4. El amor de Cristo nos obliga (5.14–15)

Pablo ahora aborda el tema del motivo fundamental de su vida. «El amor de Cristo domina nuestras vidas» (TLA). El amor que Jesús tiene por Pablo ejerce una firme presión en él y lo domina hasta llevarlo a su servicio. La lógica de Pablo en estos versículos es clara: Cristo murió por mí, así que he dejado de vivir para mí y ahora vivo para Él; «el amor de Cristo nos obliga» (5.14).

Para servir a Jesús, a Pablo no lo motivaba solo el pensamiento de Jesús como Juez (vv. 10–11), sino también Jesús el Salvador, cuyo sacrificio en la cruz era la fuerza dominante en la vida del apóstol y lo había alejado de una existencia egoísta. Los datos clave se expresan en estos dos versículos:

- *[Cristo] murió por todos.* Él es el Salvador del mundo. La amplitud de su obra es universal, es decir, todos los hombres y las mujeres, sin importar sus culturas o trasfondos, pueden conocer la salvación por medio del arrepentimiento y la fe en Cristo. Él sufrió la muerte que nosotros nos merecíamos.
- *Por consiguiente todos murieron.* Todos aquellos que se han beneficiado de la obra salvífica de Cristo han renunciado a su antiguo estilo de vida. La muerte de Cristo por nosotros significa que hemos matado al pecado y a nosotros mismos, como Pablo lo afirma claramente. El término «todos» no significa que todo el mundo, sin importar la respuesta que se le dé a Cristo, se beneficiará de la obra de salvación. Más bien, quiere decir que todos los que lo reciban habrán matado al pecado y a sí mismos.
- *Para que los que viven ya no vivan para sí.* El centro de gravedad en nuestras vidas ha dejado de ser nuestros propios intereses, para que lo sea el servicio a Cristo, que ha dado todo por nosotros.
- *Sino para el que murió por ellos y fue resucitado.* La manera en que Pablo se expresa resalta dos eventos históricos del pasado: la muerte y la resurrección de Cristo. Hemos matado a nuestro antiguo estilo de vida y ahora vivimos para Cristo, por razón de la realidad objetiva de su obra y la unión con Él.

Todo servicio cristiano debería recibir impulso de estos motivos fundamentales. Somos responsables delante de Jesús el Juez; nuestras acciones se ciñen no por intereses egoístas, sino por una preocupación por la gloria de Dios y el bienestar de nuestro prójimo; y Jesús, nuestro Salvador, que se entregó por nosotros, nos ama.

Preguntas

1. *Cuando alguien te critica, ¿cuál es tu reacción inicial y cómo respondes frente a ello? Trata de responder con franqueza. ¿Qué te revela tu respuesta respecto a los motivos de tu servicio cristiano?*
2. *¿Cómo es posible que el temor y el amor nos motiven al mismo tiempo?*
3. *Tratamos de persuadir a todos (ver 5.11). Notemos que Pablo no dice aquí que debemos «predicar el evangelio a los demás». ¿Qué nos dice esto respecto al evangelismo? ¿Cuáles son las repercusiones para nosotros y la iglesia?*

El universalismo

«[Cristo] murió por todos» manifiesta una verdad que se encuentra por todo el Nuevo Testamento. El propósito de la salvación de parte de Dios no se limita a una sola raza o nación. Su alcance es mundial.

Desde las primeras páginas de la Biblia, Dios declara su preocupación internacional cuando le promete a Abraham: «¡por medio de ti serán bendecidas todas las familias de la tierra!» (Gn 12.3). Los profetas predijeron que el Siervo del Señor sería luz a los gentiles, con el fin de que lleve su «salvación hasta los confines de la tierra» (Is 49.6). Los salmistas repitieron este tema con frecuencia, rogándole a la pequeña nación hebrea que abriera su mente: «Que se diga entre las naciones: "¡El Señor es rey!"» (Sal 96.10).

Con base en su autoridad universal, Jesús exhorta a sus discípulos a que «vayan y hagan discípulos de todas las naciones» (Mt 28.18–20), y el Libro de los Hechos muestra que los primeros predicadores cristianos, ungidos por el Espíritu, tomaron aquella exhortación muy en serio mientras la palabra del Señor se iba expandiendo desde Jerusalén hacia círculos cada vez más lejanos, hasta «toda Judea y Samaria, y hasta los confines de la tierra» (Hch 1.8). Pablo insistió en que la iglesia expresaba el mismo carácter universal, porque consistía en judíos y gentiles (Ef 2.11–22). No hay lugar para discriminaciones raciales, económicas o de género en esta nueva familia mundial, porque «ya no hay judío ni griego, esclavo ni libre, hombre ni mujer, sino que todos ustedes son uno solo en Cristo Jesús» (Gá 3.28).

Este universalismo válido y adecuado ha sido a veces llevado más allá de sus límites bíblicos. Por ello, el término «universalismo» ha venido a describir la creencia en que toda la humanidad, en última instancia, recibirá la salvación. El argumento incluye la idea de que Dios, debido al amor por su creación, dará a todos oportunidad después de la muerte para que respondan a su oferta de salvación.

Sin embargo, esta postura no se encuentra en el Nuevo Testamento. Pablo claramente rechazó esta clase de universalismo. En 2 Corintios 2 se había referido al aroma de Cristo «entre los que se salvan y entre los que se pierden» (2.15–16), y se expresó de la misma manera en 1 Corintios 1.18–24. La misma enseñanza aparece en Efesios 5.4–6 y Filipenses 1.28.

La seriedad del pecado y la realidad del juicio de Dios también son temas importantes en el Nuevo Testamento, lo cual deja bien en claro que la diferencia entre cristianos y no cristianos continúa después de la muerte (Jn 3.36; Hch 10.42; Ro 2.12–16). El propio Jesús afirma con claridad que aquellos que se niegan a creer cosecharán su propia ruina; y sus enseñanzas directas, así como sus parábolas no dejan duda alguna de que no todos serán salvos (Mt 12.37–50; 22.11–14; 25.41–46). Hay dos destinos claros que se describen en el Nuevo Testamento: «para castigar a los que no reconocen a Dios ni obedecen el evangelio de nuestro Señor Jesús. Ellos sufrirán el castigo de la destrucción eterna, lejos de la presencia del Señor y de la majestad de su poder» (2Ts 1.8–9).

Por más que quisiéramos ignorar o borrar esta enseñanza del Nuevo Testamento, forma parte de la palabra revelada de Dios y no debemos rechazarla o distorsionarla. Si nos causa dolor creer en ella y enseñarla, cuánto más sufrirá el Creador y Redentor al ver esta devastadora realidad.

Sin embargo, podemos estar seguros de que en el cielo habrá una incontable multitud «de todas las naciones, tribus, pueblos y lenguas» (Ap 7.9–12). La visión que Juan tuvo del cielo demuestra que la familia internacional de Dios estará allí solamente por causa de la obra de Cristo: se presentarán «delante del trono y del Cordero». Su sangre derramada ha hecho posible que aquella familia multirracial y multiétnica esté en el cielo.

Capítulo 17

El ministerio de la reconciliación

2 Corintios 5.16–21

La iniciativa que Dios toma para reconciliarnos con Él por medio de Cristo produce una amplia variedad de cambios en nuestra actitud, estilo de vida, destino y el sentido de responsabilidad.

Hay varios ejemplos del Nuevo Testamento que nos ayudan a comprender la obra de Cristo en la cruz. En estos tiempos, la mayoría logra entender el ejemplo que proviene del ámbito de las relaciones humanas, es decir, la reconciliación. Ya sea que se trate de conflictos conyugales, de tensiones entre padres e hijos o rupturas entre la gerencia y la fuerza laboral, a la mayoría de nosotros se nos hace fácil comprender el concepto de la reconciliación.

De entre todas las reconciliaciones, la fundamental es la restauración de la relación que tenemos con Dios, que nos creó, y Pablo nos explica la manera en que impacta nuestras vidas. Él analiza varios niveles.

1. Una nueva actitud (5.16)

Pablo ya nos ha explicado que uno de los resultados de su nueva vida en Cristo es que ahora posee una nueva actitud respecto a su vida. Ha dejado de vivir para sí mismo y ahora vive para Cristo (5.15). Otro resultado adicional («así que de ahora en adelante», v. 16) es que también posee una actitud distinta respecto al prójimo. Ha dejado de juzgarlo según los criterios del mundo, ya sea por su aspecto externo, su identidad nacional o su cultura. Ya ha recalcado que lo único que vale la pena es lo que hay en el interior (4.16; 5.12). La prueba de que Cristo murió por todos (v. 14) es que ahora vemos al prójimo con un nuevo criterio.

Antes de que Pablo se convirtiera, había juzgado a Jesús siguiendo sus propios prejuicios religiosos. Alguien que había sido colgado en una cruz ciertamente no podía ser el salvador que los judíos estaban esperando. Pero, luego de su encuentro con Cristo, la actitud de Pablo cambió. Jesús ya no era un oscuro personaje galileo que había sufrido una vergonzosa y humillante muerte. Para Pablo, ahora Cristo es el Salvador del mundo.

Para pertenecer a la familia de Dios, hay que ver al prójimo de una manera distinta. Nos negamos a juzgar a la gente según la vara de medir del mundo o los prejuicios de nuestra propia cultura. Más bien, vemos a nuestro prójimo como alguien por el que Cristo murió.

2. Una nueva creación (5.17)

En una de las más notables descripciones de la conversión cristiana, Pablo describe en 5.17 los cambios que acontecen cuando llegamos a tener fe en Cristo.

- *Es universal*: «si alguno está en Cristo». Pablo nos indica una vez más que la reconciliación está disponible para todos, ya que Cristo murió por todos (v. 14).
- *Es total*: «es una nueva creación». Pablo ha escogido el mejor ejemplo posible para explicar el cambio ocurrido. Volverse un cristiano significa que hemos ingresado a un mundo totalmente nuevo. Se trata de una transformación total, una nueva creación.
- *Es radical*: «¡Lo viejo ha pasado, ha llegado ya lo nuevo!» Reconciliarnos con Dios significa que nuestra lealtad ha sufrido un cambio radical. Nuestra antigua manera de vivir

debe morir y nuestra nueva vida en Cristo debe ahora ser el carácter dominante en todo lo que hagamos.

Uno de los mayores desafíos de la misión cristiana en muchos países es el fenómeno de los cristianos solo «de nombre»,[9] es decir, aquellos que se identifican como cristianos (hasta el 96 % en algunos países), pero que no practican su fe, no demuestran tener una fe genuina en Cristo y su estilo de vida no concuerda con la de los discípulos de Jesús. Según las enseñanzas de Pablo, ser cristiano no consiste sencillamente en aceptar un sistema de creencias o someterse a ritos y ceremonias cristianas o asumir algún código de conducta. El cristianismo es Cristo, y el cristiano es aquel que se ha unido a Él, ha sido transformado por Él y ahora vive para Él.

3. Una nueva relación (5.18–19, 21)

Aquí tenemos la esencia de la descripción que Pablo ofrece respecto a la reconciliación. El pecado ha creado un muro entre nosotros y Dios. Ello produce un sentido de alejamiento entre Él, que es santo, y nosotros, que somos rebeldes. Nuestro pecado nos ha separado de Dios, y Él se ha apartado de nosotros porque rechaza el pecado. No hay nada que podamos hacer para restituir aquella relación excepto si Dios interviene. Así, Pablo nos explica en primer lugar que Dios ha decidido tomar la iniciativa: «Todo esto proviene de Dios» (5.18).

Por medio de Cristo, nos dice Pablo, ha sido retirado el muro. Dios ha dejado de tomar en cuenta nuestros pecados (v. 19) porque Jesús los ha borrado. La muerte de Cristo no fue accidental, sino la culminación de su ministerio y el propósito de su misión. Fue el medio por el cual

---

9 Nota del traductor: En el original, el autor usa el término *nominalism*, que erróneamente se traduce como «nominalismo». Incluso el término es erróneo en inglés porque se lo confunde con el vocablo ya existente para la corriente filosófica del nominalismo. El uso de este término es exclusivo del mundo evangélico y data del siglo XIX (ver, por ejemplo, el uso común que le da Charles Spurgeon a este término). Con *nominalism* se quiso dar a entender el carácter «nominal» de aquellos que dicen ser cristianos (de allí que evolucionó equivocadamente a «nominalismo»), es decir, que son cristianos «de nombre» solamente, como ya sucedía en la Inglaterra de Spurgeon en el siglo XIX, fenómeno que se da también en otros países de larga tradición cristiana, ya sea protestante o católica u ortodoxa.

nuestros pecados fueron eliminados. Jesús cargó con nuestros pecados cuando murió en la cruz, y sucedió tal grado de identificación que Pablo lo describe de esta manera: «Al que no cometió pecado alguno, por nosotros Dios lo trató como pecador» (v. 21). En estos versículos describe lo que ha venido a llamarse la doctrina de la doble imputación o, en términos populares, como «el gran canje».[10] Dios elimina nuestro pecado y a cambio nos da la justicia de Cristo (v. 21).

Se trata del nuevo fundamento para la nueva relación, la cual es posible para todos los que se vuelven a Cristo. Por causa de la cruz, se ha erradicado nuestro pecado y ha sido removida la santa ira de Dios. Cristo ha asumido la ira que nosotros merecíamos, y nos ha reconciliado con Dios por medio de aquel profundo misterio que es su muerte.

4. Un nuevo ministerio (5.20)

Ahora Pablo procede a explicarnos lo que significa el ministerio cristiano. Luego de haber sido reconciliado con Dios, ahora él es un ministro de la reconciliación. Hace uso del ejemplo del embajador, el enviado del rey. Se trata de un ejemplo audaz. Como da a entender, hablamos en nombre de Dios. Es «como si Dios los exhortara a ustedes por medio de nosotros» (5.20). Hablamos «en nombre de Cristo» (v. 20).

Es muy común en estos días, en un mundo lleno de muchas religiones, que se pregunte a los cristianos por qué son tan arrogantes cuando afirman que el evangelio es para todas las culturas. ¿Quién les ha dado este derecho? Estos versículos nos ayudan a que podamos responder esta pregunta con convicción. Los cristianos han sido llamados para que proclamen que «Cristo murió por todos» (v. 14), y el derecho a hablar así se los da la realidad de que lo hacen «en nombre de Cristo» (v. 20). Claro que esto debe hacerse con humildad y sensibilidad en relación con la cultura en la que vivimos, pero jamás debemos huir de la proclamación cristiana o sentirnos intimidados por el pluralismo religioso de la actualidad. El ministerio de la reconciliación

---

[10] Nota del traductor: En inglés la expresión se conoce popularmente como *the great exchange,* que no tiene conexión lingüística alguna con los términos teológicos tradicionales.

está cimentado sobre el hecho de que hemos sido enviados como embajadores del Rey.

Pero el versículo continúa con la frase «les rogamos». El pedido que hacemos a los demás para que sean reconciliados no sucede con una fría indiferencia, sino con un sentido de urgencia y emoción. Puede que Pablo sea un embajador, pero no se presenta con aires de superioridad. Más bien, les ruega de rodillas que se reconcilien con Dios.

Entonces, el ministerio de la reconciliación tiene autoridad y un carácter de urgencia: rogamos a los demás en el nombre de Cristo. Dado que Él murió por todos, nuestra obligación es llevar las buenas nuevas a un mundo arruinado por el pecado y debemos hacerlo con la plena entrega de aquellos a los que Dios ha escogido para esta labor.

Preguntas

1. *¿Habrá alguna diferencia si empezamos a ver a los demás como Jesús los vio desde la cruz? ¿De qué manera se relaciona esto con la tarea de ser «embajadores de Cristo»?*

2. *Intenta describirle a algún amigo que no es cristiano lo que Dios ha hecho en la cruz, pero usando al mínimo la terminología o «jerga» cristiana.*

3. *¿De qué manera podemos proclamar el evangelio con pasión y autoridad sin espantar a la gente?*

La expiación

El término «expiación» se refiere a la manera en que el pecado es retirado de la presencia de Dios. Es la base para el perdón. Una de las más profundas descripciones de la muerte de Cristo en 2 Corintios 5 dice así: «Al que no cometió pecado alguno, por nosotros Dios lo trató como pecador» (v. 21). Su intensidad nos impresiona porque lo que Pablo realmente quiere decirnos es que Dios sustituyó al Señor Jesús por nosotros, que merecíamos su juicio.

Pablo también nos revela que la sustitución implica un intercambio: si Jesús, que no pecó, cargó con nuestros pecados, entonces en Él recibimos la justicia de Dios (v. 21). Pablo usa varias descripciones gráficas para explicar la muerte de Cristo. La «justificación» es un término del ámbito jurídico, y «propiciación», del entorno del templo.

La «justificación» es una descripción gráfica cuyo origen se halla en el hecho de que estamos delante del Juez de la tierra en calidad de culpables y condenados. Gracias a la misericordiosa iniciativa de Dios, podemos, en primer lugar, ser perdonados y, en segundo término, ser declarados justificados. Ser justificados es justamente eso: «recibir la justicia de Dios» (ver Ro 3.21–23; 4.23–25; Gá 2.15–16).

Pero no es lo mismo que la amnistía, la cual olvida nuestro pecado. Se trata de la justicia de Dios debido a un aspecto fundamental de su solución a este dilema: alguien nos tiene que sustituir. Ese alguien es Cristo, que se coloca en nuestro lugar como culpable y asume para sí todo lo que debíamos pagar por nuestros pecados. Él se hizo cargo de la pena que nosotros debíamos recibir por haber violado la ley. Por ello, Pablo escribe a los romanos: «cuando todavía éramos pecadores, Cristo murió por nosotros. Y ahora que hemos sido justificados por su sangre [...]» (Ro 5.8–9).

De esto se trata el gran canje al que Pablo se refiere en 2 Corintios 5. La aceptación de Cristo delante de Dios, su justicia, se cuenta como si fuera nuestra. Y nuestra falta de aceptación y justicia se cuenta como si fuera de Cristo, tal como Isaías había profetizado: «pero el Señor hizo recaer sobre él la iniquidad de todos nosotros» (Is 53.6).

Pablo complementa esta descripción gráfica con otro término tomado del lenguaje del templo: «propiciación». Esta palabra describe el sacrificio de Jesús en la cruz como el único medio por el cual los pecadores culpables logran salvarse de la ira de Dios. En Romanos, Pablo escribe que «Dios lo ofreció [a Jesús] como un sacrificio de expiación» (Ro 3.25).

Anteriormente, en Romanos 1, Pablo presentó un sólido argumento para demostrar que tanto hombres como mujeres están sujetos a la ira de Dios: el pecado es más que la culpabilidad; es una errónea relación con Dios. Es decir, tiene dos aspectos: nos hemos alejado de

Dios debido al pecado y Dios se ha alejado de nosotros debido a su ira. Por esta razón, la descripción gráfica del entorno jurídico no es suficiente para comunicar todo el significado de la obra redentora de Cristo. Dios no es como un juez humano desinteresado con el caso. Él ha sido ofendido, y Pablo nos explica que Jesús tuvo que encarar la fuerza total de la ira de Dios cuando agonizaba en la cruz. No se trata de terceras personas, porque fue el propio Dios en la persona de Jesús quien se sacrificó, como hemos visto en 2 Corintios 5.21.

De esta manera, el dilema de Dios encuentra solución. Él permanece justo al juzgar el pecado y, al mismo tiempo, manifiesta su amor redentor por los pecadores culpables al ofrecerse a sí mismo para pagar la culpa. Como Pablo lo expresa en Romanos, Dios «ha ofrecido a Jesucristo para manifestar su justicia. De este modo Dios es justo y, a la vez, el que justifica a los que tienen fe en Jesús» (Ro 3.26). Fue esta verdad, con todo su profundo misterio, la que llevó a Juan a declarar: «En esto consiste el amor, [que Dios] envió a su Hijo para que fuera ofrecido como sacrificio por el perdón de nuestros pecados» (1Jn 4.10). Se trata de la máxima expresión de amor que el mundo jamás haya visto.

Capítulo 18

Conducta consecuente

2 Corintios 6.1–13

Pablo nos explica que en todas las circunstancias se ha esmerado por vivir de acuerdo con lo que exige el evangelio.

Los personajes cristianos que cometen errores morales se ubican quizá en segundo lugar, luego de los políticos, cuando se trata de atacarlos en los medios de comunicación. Ya sea que se trate de un pastor que ha tenido un desliz con la secretaria de la iglesia o el tesorero que ha desfalcado a la congregación, los medios de prensa dan la impresión de que se deleitan denunciando estos eventos. Es que historias como estas venden porque son ejemplos descarados de hipocresía. No se debe dejar de lado que hay un aspecto lascivo en todo ello, pero se entiende la manera en que la gente logra detectar el fingimiento religioso o la doble moral de los dirigentes cristianos o los políticos que se arrogan el derecho de decirles a los demás la manera en que deben vivir. La conducta consecuente realmente es clave en todo este asunto.

Si participamos en el ministerio de la reconciliación, conduciéndonos como embajadores del Rey, entonces debemos asegurarnos de que nuestras vidas reflejen una absoluta integridad. Y aunque no ocupemos ningún cargo oficial en la iglesia, somos creyentes genuinos que hemos sido llamados a servir a Cristo, a ser ministros del nuevo pacto (tal como hemos visto en 2 Corintios 3). La manera en que nos comportamos, en particular cuando estamos bajo presión, juega un papel importante en nuestro testimonio cristiano.

1. El momento propicio (6.1–2)

Luego de haber explicado en el capítulo anterior las buenas nuevas de la gracia reconciliadora de Dios, Pablo ahora se dedica a señalarnos uno de los más grandes peligros que enfrentaban los corintios: recibir la gracia de Dios en vano (6.1), pues los cristianos enfrentan la perenne tentación de cruzarse de brazos y no hacer nada respecto a su responsabilidad de vivir según lo exige el evangelio.

Pablo ruega a los corintios que pongan manos a la obra, exhortándolos como colaboradores para que logren comprender la seriedad de sus ruegos. Citando a Isaías 49.8, les recuerda que el día propicio es hoy, no mañana. No hay tiempo que perder. Sin embargo, no se trata de una exhortación evangelista con el propósito de que sean salvos; más bien ruega a los corintios a que pongan el evangelio en práctica. No deben desaprovechar esta oportunidad y no han de dejar que el pecado los distraiga y los lleve a vivir una vida incongruente con la gracia de Dios.

Recibir la gracia de Dios en vano significa que nuestra manera de vivir no se corresponde con lo que decimos y creemos. Si esto sucede, nuestras vidas son una negación de todo lo que el evangelio nos llama a hacer. En estas circunstancias, nuestras vidas cristianas se estancan y se vuelven vacías, y nuestro testimonio carece de poder y eficacia.

2. Construir puentes en vez de barricadas (6.3)

Pablo explica a continuación la manera en que ha conducido su ministerio apostólico en una variedad de circunstancias. Le preocupa profundamente que su ministerio «no se desacredite», término que expresa la idea de burla y menosprecio (6.3). Tiene la determinación de que su vida no tenga nada que sea un motivo «de tropiezo» para los demás, y que los aleje de la fe en el evangelio o del crecimiento en su discipulado (v. 3). Se alarmaría si alguien no llegase a convertirse en cristiano, no por causa del escándalo de la cruz, sino por nuestra conducta contradictoria. Más bien, nuestras vidas deberían complementar la verdad del evangelio para que nuestro testimonio mejore, y así atraer más gente a Cristo.

3. Nos acreditamos en todo y con mucha paciencia (6.4–10)

Pablo describe el modo en que su vida concuerda con su profesión en una gran variedad de situaciones, lo cual ahora describe en una de las tantas «listas» que aparecen en su carta. En el capítulo 4 describió algunos de sus sufrimientos y en el 11 aparece una lista más extensa. Da inicio a su lista con tres grupos de tres pruebas, que las ha sabido enfrentar «con mucha paciencia» (6.4) y su propósito es demostrar la integridad genuina de su ministerio.

Las primeras tres presiones se describen en términos generales: «sufrimientos, privaciones y angustias» (v. 4). Luego describe tres presiones específicas que ha sufrido de la mano de otros: «azotes, cárceles y tumultos» (v. 5). Y, finalmente, tres más que él mismo se impuso: «trabajos pesados, desvelos y hambre» (v. 5). De esta manera, Pablo acredita su ministerio. Como veremos en los capítulos finales de la carta, no quiere sentirse culpable de haberse jactado, lo cual era característico de sus oponentes en Corinto, quienes, al parecer, se jactaban de su apariencia física y sus hazañas heroicas. Pero en lo que concierne a Pablo, si tuviese que vanagloriarse, lo haría respecto a su debilidad (11.30). Y aquí en el capítulo 6 nos dice que la mejor manera de juzgar la integridad de su ministerio es observar la forma en que reacciona frente a las presiones de toda clase. Pablo desea acreditar su ministerio con la paciencia que demuestra tener y con una conducta consecuente.

El siguiente grupo de nueve expresiones (6.6–7) describe la calidad con la que ha llevado a cabo su labor. Cada una es el resultado del ministerio del Espíritu Santo, dado que este produce la cosecha de virtudes que Pablo enumera. Una vez más, esta lista vuelve a describirnos a un hombre cuya integridad es consecuente. Una paráfrasis del versículo 7 diría así: «Nos defendemos haciendo y diciendo siempre lo que es correcto» (TLA).

El grupo final de nueve es una serie de contrastes (vv. 8–10), que nos ilustran las presiones y tensiones que caracterizaban el ministerio de Pablo. Ya sea que la gente lo elogiara o se burlara de él, que lo recibiera o lo rechazara en cualquiera de las circunstancias de su vida, logró captar la perspectiva de Dios. Su sistema de valores fue moldeado por los valores del reino, no los del mundo.

Se nos hace muy fácil que nuestras circunstancias o las expectativas de los demás logren controlar nuestras vidas. En medio de un mundo que tiene nociones negativas respecto a la fe cristiana, podemos fácilmente caer en la tentación de poner en peligro nuestra fe o diluir nuestro testimonio cristiano. Pablo nos enseña en estos versículos que debemos tomar a la ligera las cosas de este mundo. Si nos preocupa tanto nuestra propia reputación u honor, nuestra comodidad material y seguridad, entonces es improbable que logremos vivir una vida digna del evangelio. Nuestro ministerio será «desacreditado» y, en vez de ayudar a los demás a seguir adelante en el camino de la fe, estaremos colocando barricadas. Sin embargo, los verdaderos siervos de Dios, que están llenos de su Espíritu, desearán vivir una vida que es consecuente con el evangelio que proclaman.

4. Un corazón abierto de par en par (6.11–13)

Estos versículos nos ofrecen más pruebas de la sinceridad y franqueza que Pablo demuestra tener hacia los corintios (4.2; 5.11–12). Confió en ellos y les reveló su propia fragilidad y vulnerabilidad cuando les describió los sufrimientos de la labor entre ellos: «Hermanos corintios, les hemos hablado con toda franqueza» (6.11).

Al dirigirse a ellos como hermanos corintios, quiso expresar el grado de emoción. Pablo les abrió su corazón de par en par y anhelaba que ellos hicieran lo mismo (v. 13). Gran parte de esta carta revela el corazón pastoral de Pablo y el tremendo afecto por los creyentes, que estaban siendo seducidos por aquellos maestros que llegaron a Corinto. Hay pocas cosas más dolorosas que un amor rechazado, y Pablo se da a conocer de esta manera: había manifestado su afecto por ellos y abiertamente les había dado a conocer sus pensamientos y sentimientos, sin embargo, los corintios parecían fríos e indiferentes (v. 12). Pablo volverá a rogarles en el capítulo 7, pero como un padre que habla con sus hijos (v. 13), les ruega que abran sus corazones de par en par. A la luz de la disciplina pastoral de la que pronto hablará, será fundamental una relación amorosa y franca si se desea que el mensaje de Pablo sea recibido y puesto en práctica.

La verdadera hermandad cristiana en nuestras iglesias debería suceder con corazones abiertos de par en par. Por lo general, podemos darnos cuenta de que ello forma parte de la vida de la iglesia cuando vemos señales prácticas, como los hogares abiertos y hospitalarios, no las relaciones prestablecidas; las hermandades abiertas a todos, no los grupos exclusivistas; la comunicación abierta, la cual confronta y a la vez ofrece ánimo, y no promueve el chisme. Abrir nuestros corazones de par en par es fundamental en la integridad cristiana y representa una característica atrayente de esta comunidad, la cual acredita el evangelio en una era en la que abundan las relaciones destruidas.

Preguntas

1. *Pablo escribe acerca de recibir la gracia de Dios en vano (6.1). ¿Hay áreas de tu vida en las que crees que esto es cierto? ¿Qué crees que Pablo quiere comunicarnos, y cómo podemos evitarlo?*

2. *¿De qué maneras crees que la labor de la iglesia puede correr el peligro de ser desacreditada, en el sentido que Pablo nos ha descrito, y cómo podemos evitarlo?*

3. *Repasa la lista de Pablo en 6.4–10 y medita sobre tu propia vida en torno a si estás acreditando el evangelio en las distintas situaciones que Pablo describe.*

4. *¿Cómo podemos crear una hermandad con corazones abiertos de par en par en nuestras iglesias?*

5. *Dedica tiempo a orar por tantos cristianos por todo el mundo que atraviesan por los sufrimientos que Pablo describe en este pasaje.*

Capítulo 19

No ceder

2 Corintios 6.14–7.1

El pueblo de Dios tiene la obligación de vivir vidas distintas si quiere reflejar su carácter y rendir honor a su nombre.

A primera vista, en esta sección Pablo aparenta salirse del tema. Nos ha estado describiendo las características de su propio ministerio y ha rogado a los corintios que le abran sus corazones de par en par (6.13), petición que repetirá en unos cuantos versículos más adelante (7.2).

La presente sección es un llamado a la santidad y no queda muy claro del todo la razón de ello. Pero el tema respecto al carácter especial de la vida cristiana de hecho se relaciona con la preocupación respecto a llevar un ministerio consecuente, tema con el que Pablo dio inicio a este capítulo. No desea que el ministerio cristiano sea desacreditado (6.2), por lo cual tiene sentido que anime a los corintios a vivir una vida pura y sin contaminaciones (7.1).

1. Trata de arar en ambos sentidos a la misma vez (6.14–16)

Pablo empieza con la exhortación a no formar «yunta con los incrédulos» (6.14), ilustración que ha tomado del libro del Deuteronomio (22.10).

En aquella cita, la ley prohíbe que se are el campo usando dos pares distintos de animales. Un buey y un burro tratarían de arar a pasos distintos y, por lo tanto, sería inútil su uso en pares. Esto es tan solo un ejemplo de tantos en la ley del Antiguo Testamento, en la que se le pide al pueblo de Dios que viva de una manera consecuente. Así como no debería haber disparidad cuando se trata de arar la tierra, del mismo modo no deberían sembrarse semillas diferentes en el campo ni mezclarse distintas fibras en el telar (ver Lv 19.19) y, en relación con el pueblo de Dios, no debería contaminarse con sus vecinos paganos (ver Lv 18.24–30). La razón de ello es que de este modo se refleja el deseo de Dios de que su pueblo marque la diferencia y viva según sus normas.

Pablo ruega a los corintios que vivan de una manera distinta y sin divisiones. Para reforzar la idea les hace cinco preguntas retóricas (2Co 6.14–16). Cada pregunta demuestra lo inútil que es tratar de combinar valores seculares y cristianos porque sería como mezclar agua y aceite. Una vez más, Pablo recalca su apelación con un tema muy conocido del Antiguo Testamento usando una frase que es común a la promesa del pacto de Dios: «Yo seré su Dios, y ellos serán mi pueblo» (v. 16). ¿Será posible pertenecer a Dios y al mismo tiempo coquetear con el mundo? De esto se trata parte de la preocupación de Pablo respecto a que los corintios deberían rechazar la tentación de adoptar los valores falsos de los nuevos maestros que han llegado a Corinto. Los creyentes que son consecuentes con sus vidas no darían cabida a ídolos en sus hogares; y rechazarían cualquier intromisión secular porque el Dios vivo mora tanto en sus vidas como en su comunidad cristiana.

Pablo continúa sacando más artillería pesada de su arsenal del Antiguo Testamento con un llamado a la santidad de parte de los profetas: «Salgan de en medio de ellos y apártense» (v. 17; ver también Is 52.11). Dado que se ha dado un mal uso a estos versículos, es importante que entendamos que Pablo no ha querido decir que debemos aislarnos del mundo. Después de todo, en el capítulo 5 nos ha hablado del llamado a ser embajadores que han sido enviados al mundo. Aquí no se trata de retirar inmediatamente a los participantes del juego cuando estos se unen a la familia de Dios. Se nos ha dado la responsabilidad de vivir vidas cristianas que marquen la diferencia, proclamando el evangelio de la reconciliación en medio de un mundo caído. Además, Pablo nos recuerda aquella enseñanza de que nuestra sal no debe volverse insípida (ver Mt 5.14), y que no debemos aceptar los valores y las ambiciones del mundo secular.

2. No debemos ceder frente al mundo (6.15, 17)

Este pasaje (2Co 6.14–7.1) se ha usado muchas veces para explicar la razón por la que los cristianos deberían evitar relaciones incorrectas o, como se suele decir, en yugo desigual, en el matrimonio o los negocios, por ejemplo. Esto parece ser una aplicación válida de los principios que Pablo nos describe. Si volverse cristiano significa que debe cambiar toda tu visión de la vida, es decir, tener distintos valores, diferentes ambiciones, distintas normas morales y, lo más importante, otra autoridad que guíe tu vida, entonces ¿cómo sería posible compartirla con alguien que no pertenece a la familia de Dios? ¿Cómo podrían ser uno? O, como Pablo lo expresa en el versículo 15, «¿Qué tiene en común un creyente con un incrédulo?». Aunque inicialmente esto nos cause dolor, el cristiano debe saber que ha sido llamado a evitar cualquier relación íntima que ponga en riesgo el carácter único de su llamado.

3. Un estímulo divino (6.18–7.1)

Lo que está en juego para los corintios y para todos nosotros que pertenecemos a la familia de Dios (v. 18) no es sencillamente la integridad de nuestro testimonio, sino la reverencia que le rendimos a Dios, pues la manera en que nos comportemos afectará la reputación de nuestro Padre (6.18). Hemos sido llamados a purificarnos «para completar en el temor de Dios la obra de nuestra santificación» (7.1). La forma en que Pablo nos presenta su exhortación da a entender que se trata de nuestra responsabilidad diaria. Hay muchas cosas que nos alejan de las normas de Dios, muchas que contaminan el cuerpo y el espíritu, pero debemos seguir comprometidos con el largo proceso de santidad (7.1) de todo corazón. No debemos permitir que nada infecte nuestras mentes, corazones o cuerpos ni ceder frente a nada y mantener nuestra integridad.

Inicialmente, las enseñanzas de Pablo parecen ser inaplicables por irrealistas; pero esa percepción cambia si prestamos atención a que su fuerte exhortación a que seamos distintos y santos está llena de cálidas expresiones respecto a la presencia de Dios. En 6.16 nos dijo que somos templo del Dios viviente y nos lo repite con «Yo seré su Dios, y ellos serán mi pueblo» (v. 16). Luego nos asegura que pertenecemos a un Dios que nos dice: «Yo seré un padre para ustedes, y ustedes serán mis hijos y mis hijas» (v. 18). El llamado a que vivamos nuestras vidas de acuerdo con las normas de Dios va acompañado de la promesa de su poderosa presencia y su compasivo amor.

Es probable que las enseñanzas de Pablo hayan sido dirigidas contra la sutil infiltración de valores seculares en la iglesia de Corinto, proveniente de los falsos maestros de los que Pablo tanto escribe. Por ello, estos versículos son muy adecuados para la iglesia de hoy, ya que enfrentamos la constante tentación de llegar a algún acuerdo con el mundo. Su apelación seductora se manifiesta de muchas formas, y ya sea que se presente en el ámbito de las relaciones humanas, los negocios, la sexualidad, el materialismo, la ambición o los estilos de vida, estamos bajo su contante presión a darnos por vencidos. Pero somos el templo de Dios y como sus hijos debemos desafiar el mundo en vez de transigir con él. Esta es la clase de cristianismo que el mundo necesita presenciar.

Preguntas

1. *¿Cuáles son las tentaciones más comunes que enfrentas en la actualidad para que cedas frente al mundo? ¿De qué manera logras vencerlas?*
2. *Recopila todas las formas en que Pablo describe nuestra relación con Dios en este pasaje. ¿De qué modo marcas alguna diferencia en tu compromiso de vivir una vida santa?*
3. *Analiza tu propia cultura. ¿De qué manera deberían manifestarse abiertamente las características peculiares del cristiano en tu vida y tu iglesia?*

Capítulo 20

Una participación profunda y personal

2 Corintios 7.2–5

Formar parte de la familia cristiana significa que estamos unidos a otros creyentes, pero ello puede a veces ser causa de alegrías y tristezas.

La crianza de los hijos es una experiencia con sentimientos encontrados. Debería mayormente causarnos alegrías, porque los hijos son un regalo de Dios. Verlos y sentirlos crecer y desarrollarse es una experiencia fascinante; pero todos los buenos padres de familia saben muy bien la tristeza que se sufre con la disciplina. Se trata de un elemento fundamental para la formación de los niños, que da forma a su carácter, define las conductas sociales correctas y ayuda a solidificar sus personalidades y dones únicos. Estas son metas a largo plazo, pero la experiencia de los primeros años puede llegar a causar dolor tanto a los padres como a los hijos.

Pablo conocía muy bien estos dolores. Aunque no tuvo hijos biológicos, manifestó una gran preocupación paternal por aquellos que llegaron a la fe por medio de su ministerio. Sintió las alegrías y tristezas al cuidar de ellos, velar por su desarrollo, verlos cometer errores y ayudarlos a restituirse. Ya hemos visto que dio a conocer sus sentimientos anteriormente en esta carta: «Les escribí con gran tristeza y angustia de corazón, y con muchas lágrimas, no para entristecerlos, sino para darles a conocer la profundidad del amor que les tengo» (2.4). Ahora, en el capítulo 7, vuelve al problema que nos presentó en el capítulo 2, al tema que le causa tanto dolor del alma: los fracasos en el seno de la iglesia.

Como vimos en el capítulo 2, hubo en Corinto un caso de fracaso muy serio que le causó mucho dolor, pero que también afectó a toda la iglesia. A Pablo le preocupaba que se aplicase una disciplina adecuada, pero al parecer la iglesia ignoró el problema y se negó a tratar el asunto de una manera correcta. Este incidente provocó que el apóstol escribiese una carta muy dura, y luego de enviarla, comisionó a Tito para que visitase Corinto y verificara si sus consejos se habían puesto en práctica. Todo ese episodio fue muy doloroso para Pablo, pues les tenía mucho afecto a los corintios y ahora su relación con ellos era tensa e incierta.

Cuando llegó a Macedonia (7.5) le preocupaba que su carta hubiera sido demasiado dura y que hubiese ocasionado que los corintios se alejaran mucho. Quizá había cometido un error. Tal vez sus duras palabras habían dañado su relación con ellos y su papel de líder estaba ahora en duda. No se trataba sencillamente de un asunto de disciplina para aquel que había cometido una ofensa en la iglesia, sino que también afectaba mucho al compromiso de los corintios con Pablo en su calidad de apóstol. La iglesia corría un gran peligro si esta rechazaba su autoridad, pues los creyentes podrían darle la espalda al propio evangelio. Por ello, estos versículos nos dicen bastante acerca de las exigencias en torno a las relaciones cristianas.

1. Un lugar en nuestros corazones (7.2–4)

En 7.2 Pablo repite la petición de 6.11: «Hagan lugar para nosotros en su corazón». El apóstol sintió que le habían cerrado las puertas. El versículo 2 nos ofrece una pista respecto a las acusaciones contra él, a las que ahora responde. Con la transparencia que lo caracteriza, las confronta con total honestidad. No ha actuado injustamente ni ha sacado provecho de los corintios. Sus intenciones, tal como lo ha demostrado, son completamente puras: anhela volver a tener la relación de siempre con ellos, porque los lleva en su corazón. Para Pablo, los corintios son más importantes que la vida misma (7.3).

Es común que los cristianos tengan resentimientos unos a otros y muestren actitudes defensivas e indiferentes, lo cual atenta contra la hermandad. A veces ello se debe a la diseminación de chismes. Del mismo modo, los falsos maestros de Corinto paraban esparciendo falsos rumores acerca de Pablo, tratando de desacreditarlo. Tristemente, esta clase de crítica caracteriza a muchas congregaciones. Los chismes con malicia son una característica destructiva de la vida de la congregación. Así, aquellos que de alguna manera han sido heridos o marginados, adoptan actitudes de amargura y resentimiento y con ello encuentran munición para atacar a los demás (por lo general a los dirigentes) en su propia comunidad cristiana. Esto no solo polariza la congregación, sino también paraliza su testimonio; pero lo peor es que deshonra el nombre de Cristo.

Junto a la transparencia que Pablo demuestra tener al defender su ministerio, manifiesta también otra cualidad que es esencial para las relaciones cristianas: la lealtad. Posee un afecto profundo por los corintios, por lo que su amistad supera las pruebas (vv. 3–4). Lo mismo sucede en nuestras iglesias: hemos sido redimidos por el mismo Señor Jesús, pertenecemos al mismo Padre y el mismo Espíritu mora en nosotros. Por ello, no deberíamos tolerar ninguna división o dolorosa fragmentación. Nosotros, que creemos en el evangelio de la reconciliación, deberíamos ser los primeros en demostrar el efecto de su verdad en nuestras relaciones.

2. Una dolorosa disciplina (7.5)

Esta sección nos muestra también la angustia que Pablo sufrió durante su cuidado paternal a los corintios. Hemos visto en 2.12–13 que estuvo tan angustiado por el impacto emocional de la crisis disciplinaria en Corinto que no se pudo concentrar en nada, ni siquiera en su labor misionera. Se le presentaron oportunidades de trabajar en Troas, pero estaba distraído y preocupado (2.12–13). En Macedonia tenía esperanzas de recibir noticias de Corinto de parte de Tito, pero este aún no había regresado del viaje, y Pablo se sentía ansioso mientras lo esperaba (7.5). En aquel lugar se enfrentó a un sinnúmero de presiones: «conflictos por fuera, temores por dentro» (v. 5).

Es imposible que leamos el versículo 5 sin sentir las emociones que allí se describen. Pablo demuestra una gran valentía como dirigente. Considera que la disciplina es necesaria, pero es evidente que lo desgasta emocionalmente. Esta clase de disciplina siempre exige mucho de nuestra parte y por ello se tiene la tentación de evitarla. Sería más fácil ignorar el asunto por completo. Sería mucho más cómodo no prestarle atención al resquebrajamiento de las relaciones en la comunidad cristiana, con la ilusión de que el problema quizá desaparezca por sí solo. Pero ello sería un error fatal. Entendamos esto con el ejemplo de nuestra necesidad de ir al dentista: a veces es necesario que nos cause dolor por un momento para evitar uno mayor más adelante. Sin embargo, si bien en la vida de la iglesia no hay manera de evitar la disciplina, se la debe manejar con mucho tino. Si así lo hiciéramos, obtendremos mayor madurez en nuestro servicio cristiano y lograremos restituir las relaciones antes dañadas para rendirle honor al Señor y sanar la comunidad cristiana.

Preguntas

1. *A Pablo le preocupaba el resquebrajamiento de la unidad entre él y los corintios. ¿Cuáles son las causas más comunes de las divisiones en la comunidad cristiana? ¿De qué manera la actitud de Pablo ofrece en esta sección un ejemplo para seguir?*

2. *¿Por qué la unidad cristiana es tan importante? Lee Efesios 4.1–6 y reflexiona acerca de las razones fundamentales que Pablo da para poder vivir en armonía, y discute en grupo por qué ello es tan importante.*

Capítulo 21

Una tristeza adecuada

2 Corintios 7.6–16

Hay dos clases de arrepentimiento, cada una con consecuencias muy distintas.

Sin las ventajas que nos ofrecen los aparatos de comunicación actuales, Pablo tuvo que esperar semanas hasta que Tito pudiera finalmente traerle noticias acerca de la manera en que los corintios recibieron su carta. El resultado fue el que deseaba: la iglesia de Corinto había reafirmado su confianza en Pablo. No reaccionaron con amargura, sino con un arrepentimiento genuino (7.7). El apóstol describe el alivio y consuelo que sintió cuando recibió la noticia. Dios consuela a los abatidos, lo cual Pablo experimentó una vez más (v. 7; ver también 1.4).

1. El verdadero arrepentimiento (7.10–11)

La clave para comprender la respuesta de los corintios se encuentra en 7.10, donde Pablo nos ofrece un resumen de las dos maneras en que hubieran podido responder y muestra dos casos contrarios para que los podamos analizar.

Dice que hay dos clases de tristeza, la que «proviene de Dios» y la «del mundo». En los versículos que siguen, expone las grandes diferencias entre ellas.

La tristeza del mundo se centra en sí misma. Quizá alguna vez conocimos a un cristiano que luego de haber cometido alguna falta reconoció su error e incluso se lamentó de ello, pero en quien, no obstante, en el fondo advertimos ira y amargura, incluso rebeldía. Esta persona quedó al descubierto; su orgullo había sido herido. Esto ocurre porque, cuando la tristeza del mundo se afianza, no conduce a un genuino arrepentimiento o restitución, sino a todo lo contrario: la amargura y el resentimiento, que pueden destruirnos. En otras palabras, Pablo nos dice que aquella tristeza conduce a la muerte (v. 10).

En cambio, *la tristeza que proviene de Dios* es totalmente distinta, pues no se centra en nuestro orgullo herido, sino en Dios, a quien hemos ofendido. Manifestar esta clase de tristeza significa que reconocemos nuestros errores delante de Él, lo cual ocasiona que nos arrepintamos. Contrariamente a la tristeza del mundo, que engendra frustración y resentimiento, la que proviene de Dios nos conduce a la restitución, de lo cual no hay nada que lamentarse (v. 10). Debido al resultado final de esta tristeza, podemos evaluar nuestra decisión sin sentir resentimiento alguno.

No hace mucho recibí una carta de alguien que había sido sancionado por causa de una falla moral. En ella manifestaba lástima por sí mismo; intentaba justificar sus hechos y les echaba la culpa a otros. En contraste con ello, recuerdo muy bien un caso que sucedió en la iglesia en la que crecí, el cual sirve de ejemplo de la tristeza que proviene de Dios. Uno de los dirigentes que había cometido una falta fue sancionado y disciplinado de una manera adecuada; pero, luego de un tiempo, regresó con una nueva actitud de humildad y dispuesto a servir a aquellos a quienes había afectado. En aquellos días yo, que era un joven cristiano, traté a este hombre no como a alguien que había fracasado, sino como a una persona que se merecía mi profundo respeto. De esto se trata el evangelio en acción, es decir, de la gracia de Dios que llega a quienes se arrepienten debido a la tristeza que proviene de Dios.

Esta es precisamente la manera en que los corintios reaccionaron. Tomaron este asunto con una profunda seriedad, una tristeza que produjo arrepentimiento, lo que les abrió la puerta hacia la restitución. Y aunque Pablo pudo haberse lamentado por haberles causado dolor y tristeza, ahora se daba cuenta de que todo ello fue necesario y había valido la pena (vv. 8–9). El resultado final fue una tristeza que proviene de Dios, con todos sus beneficios. Por ello, los corintios no sufrieron daño alguno, sino, todo lo contrario: fueron sanados por la intervención de Pablo.

El resultado de la tristeza que proviene de Dios se describe en el versículo 11. Los corintios no llegaron a apuntar con el dedo acusador a otros; no desestimaron la conducta pecaminosa de aquellos miembros involucrados en el asunto ni ignoraron las urgentes exhortaciones de Pablo para que impusieran disciplina. Es evidente que trataron el asunto con seriedad y que desearon imponer justicia. Por ello, Pablo les dice ahora que «han demostrado su inocencia en este asunto» (v. 11).

2. Una hermandad afectuosa (7.6–16)

Leer el capítulo 7 implica atravesar por altibajos emocionales que van desde un profundo dolor, una ansiedad imparable, una tristeza que proviene de Dios y, finalmente, hasta una alegría infinita. Aunque Pablo se vio en la necesidad de aplicar una firme disciplina, también reafirmó su confianza en los corintios (v. 4).

El capítulo concluye con una característica importante de la respuesta de Pablo a los corintios, de la que podemos aprender mucho. Estuvo preparado para amonestarlos de una manera directa, pero no los criticó delante de los demás, ni siquiera en presencia de Tito, a quien le encargó que fuera su mensajero. ¿De qué modo describió a los corintios? No manifestó ningún sentimiento de amargura ni crítica, sino sentimientos de orgullo y confianza respecto a ellos: «Ya les había dicho que me sentía orgulloso de ustedes, y no me han hecho quedar mal. Al contrario, así como todo lo que les dijimos es verdad, también resultaron ciertos los elogios que hice de ustedes delante de Tito [...] Me alegro de que puedo confiar plenamente en ustedes» (vv. 14, 16).

Una de las costumbres más destructivas de la iglesia local, en cualquier situación o problema, es la tendencia a recurrir a terceros en vez de hablar con la persona que causó el incidente. Jesús nos dejó instrucciones claras en Mateo 18.15–17, cuyo propósito es ayudarnos a manejar el conflicto. Intencionalmente, nos dio un patrón para seguir: hablar primero con la persona que nos ha ofendido. Sin embargo, a menudo, en primer lugar recurrimos a otros, en busca de conmiseración y, al mismo tiempo, para criticar a nuestro hermano cristiano.

Si bien Pablo tuvo la oportunidad de denigrar el carácter de los corintios cuando daba instrucciones a Tito, se negó a hacerlo. Más bien, afirmó sentirse orgulloso de ellos. Asimismo, en este capítulo se ve que el estilo pastoral de Pablo incluye el tan necesario ministerio de alentarse los unos a los otros. Dado que los corintios respondieron con arrepentimiento (2Co 7.11), Pablo los elogia y reconoce su gran hermandad y, al mismo tiempo, les expresa su profunda alegría. Las siguientes citas expresan esta afirmación: «Les tengo mucha confianza y me siento muy orgulloso de ustedes» (v. 4); «lo cual me llenó de alegría» (v. 7); «Todo esto nos reanima» (v. 13); «Me alegro de que puedo confiar plenamente en ustedes» (v. 16). Tito compartió el mismo espíritu de reafirmación y alegría. Aunque al principio sintió temor de encontrarse con los corintios, fue calurosamente recibido y salió renovado de aquella visita (vv. 13–15).

Sin embargo, la alegría de Pablo no se debió a que había ganado la batalla, sino a que pudo restaurar la relación con sus hermanos corintios por el triunfo del evangelio de la gracia y la reconciliación. La iglesia cristiana necesita aprender algunas de las lecciones de este capítulo, porque el fracaso de las relaciones interpersonales es un problema universal en nuestras comunidades, y el poder del evangelio es el mismo en la actualidad que en el pasado. Por ello, el uso adecuado de pasajes de la Biblia como estos, con el poder del Espíritu, pueden tener los mismos efectos de sanidad que los que le causaron tanta alegría a Pablo en el primer siglo.

Preguntas

1. *¿Se te ocurren algunos ejemplos de tu propia vida en los cuales tuviste que manifestar la tristeza del mundo en vez de la tristeza que proviene de Dios? Describe cómo fue tu experiencia. ¿Cómo podemos asegurarnos de que reaccionaremos con la tristeza que proviene de Dios cada vez que debamos encarar fracasos personales?*

2. *Pablo fue capaz de alentar a otros cristianos, incluso de expresar orgullo por ellos delante de los demás. ¿Por qué crees que tendemos a ser críticos del prójimo en vez de alentarlos? ¿De qué manera podemos cambiar esta actitud?*

3. *¿Por qué es tan difícil conversar de una forma directa con alguien que nos ha ofendido, y por qué se nos hace fácil hablar del asunto con los demás en vez de tratarlo con la persona involucrada? Sugiere pasos para seguir que puedan ayudarnos a resolver el problema.*

Tercera parte

Pablo ruega que sean generosos

2 Corintios 8.1–9.15

La generosidad

2 Corintios 8.1–5

Cuando aborda el importante asunto de ofrendar con generosidad, Pablo nos ofrece un elocuente ejemplo de creyentes que lograron demostrar una entrega sacrificada al Señor y al prójimo.

No interesa si eres rico o pobre, lo que importa es «que tengas dinero», dijo en tono de broma el famoso pugilista Joe Lewis. Seguramente muchos de nosotros opinamos de la misma manera respecto a este asunto. Todos tenemos que vivir en este mundo; todos tenemos que ganarnos el sustento diario. Es evidente que el tema del dinero no es un terreno neutral. De hecho, el uso que le damos juega un papel central en nuestro discipulado cristiano. Pablo le dedica dos capítulos enteros, porque otros temas giran en torno al asunto de ofrendar. Estos incluyen lo que entendemos por la gracia de Dios en el evangelio, el impacto de nuestra hermandad, los motivos fundamentales del estilo de vida cristiano e incluso la forma en que conducimos la adoración cristiana.

En este capítulo Pablo regresa al tema de la recolección de las ofrendas, luego de que en su primera carta rogara a los corintios que contribuyan (1Co 16.1). Esta ofrenda estaba destinada a las necesidades especiales de los creyentes de Jerusalén. La iglesia en aquel lugar sufría una considerable presión económica y Pablo deseaba que se llevara a cabo una colecta en toda la región, no solo para suplir las necesidades de los cristianos de Jerusalén, sino como una manera de solidaridad entre creyentes judíos y gentiles. Esta obra práctica serviría de una clara señal de unidad entre creyentes que provenían de distintos trasfondos culturales.

Parece que la colecta tuvo buenos resultados en varias ciudades. En el caso de Corinto había empezado bien (2Co 8.10), pero quedó inconclusa. Existe la posibilidad de que eso haya ocurrido debido a problemas internos o quizá a que los falsos maestros lograron desanimarlos como parte de su campaña para desacreditar a Pablo. Sea como fuere, y dado que él se preparaba para su próxima visita a Corinto, decidió reiterar su exhortación a que se terminara la colecta. Luego de haber recibido buenas noticias de parte de Tito respecto a que los corintios lograron manifestarle su lealtad (7.7), ahora era el momento adecuado de retomar el asunto.

En vez de empezar con una exhortación directa, Pablo aborda el tema con el ejemplo de los creyentes macedonios. Se trataba de iglesias como las de Filipos, Tesalónica y Berea (ver Hch 16.9–12; 17.1–15), cuya ofrenda había sido ejemplar. Los buenos ejemplos pueden servir de incentivo para que otros se animen a ofrendar, a veces porque las obras de los demás inspiran, y otras debido a que existe un espíritu competitivo. ¿Habrá sido ello parte de la estrategia de Pablo? Los sofisticados corintios de seguro no habrían querido quedarse rezagados frente a otras iglesias. De todos modos, Pablo recurrió a un buen ejemplo. Dado que los creyentes macedonios se destacaron en sus ofrendas, el apóstol identifica varias características importantes respecto a su generosidad.

1. Su generosidad era espiritual (8.1, 5)

El título de esta sección podría sonar algo extraño para quienes están acostumbrados a tratar el asunto de dinero como una sencilla operación bancaria, como un medio para alcanzar un objetivo, y no comprenden que ofrendar con generosidad es el resultado de la gracia de Dios que ha logrado hacer efecto en nuestras vidas. Notemos cuántas veces Pablo se refiere a ello: «la gracia que Dios les ha dado a las iglesias de Macedonia» (8.1); «esta obra de gracia» (v. 6), «esta gracia de dar» (v. 7), «la gracia de nuestro Señor Jesucristo» (v. 9) (ver también 9.8, 14).

Pablo es más explícito cuando explica que la respuesta de los macedonios fue el resultado de que se entregaron «primeramente al Señor» (8.5). Su generosidad monetaria nació de su abnegada entrega a Jesucristo. Todo se lo entregaron a Él. Ofrendar de una manera cristiana siempre incluye tres elementos: ofrendamos primero al Señor, luego lo hacemos por una causa o a alguien más. Ofrendar de esta manera evita que el que ofrenda manipule la situación («Ahora que he contribuido monetariamente a este proyecto puedo influenciar su resultado»), y también libera del sentimiento de vergüenza o de endeudamiento a quien recibe la ofrenda. Damos a Dios como parte de nuestra responsabilidad total de discípulos y porque con nuestras vidas le rendimos culto. Con ello obedecemos su voluntad (v. 5).

2. Su generosidad era sacrificada (8.2–3)

Debió haber sido la gracia de Dios en acción, porque los cristianos macedonios ofrendaron cuando no podían darse el lujo de hacerlo, pues ellos también corrían el riesgo de la persecución y Pablo dice que sufrían de pobreza extrema (8.2). Sin embargo, a pesar de estas limitaciones, su sacrificada generosidad se caracterizó por dos cualidades. En primer lugar, fue generosa. Pablo la describe como «rica generosidad» (v. 2), y en el siguiente capítulo les recuerda a los corintios que Dios desea esta manera de ofrendar: ofrendaron más de lo que podían. En segundo lugar, fue espontánea (v. 3). No hubo necesidad de que Pablo les rogara que ofrendaran. De hecho, parece que fue reacio a pedirles ofrenda alguna debido a la pobreza de los macedonios; sin embargo, estos le rogaron que les permitiera enviar su contribución. Pablo volverá a desarrollar estos temas más adelante (9.7).

3. Su generosidad manifestaba solidaridad (8.4–5)

El motivo de la generosidad de los macedonios era el bienestar de los demás cristianos; deseaban tener «el privilegio de tomar parte en esta ayuda para los santos» (8.4). Esto impresiona de gran manera, ya que sabemos que ellos también sufrían de una extrema pobreza; pero el sentido de solidaridad hacia sus hermanos en el cuerpo de Cristo propició que contribuyeran para cubrir las necesidades de los demás. Esta preocupación por los otros es señal de una verdadera hermandad.

Sería cierto si dijésemos que si los cristianos de la actualidad siguieran el ejemplo de los creyentes macedonios, la cantidad de campañas para recaudar fondos se reducirían al mínimo. No es fácil que nos metamos en el pellejo de estos macedonios, pero si nos tuviésemos que identificar con sus necesidades, su generosidad nos impactaría. No nos sorprende que Pablo los haya elegido como motivación para exhortar a los corintios —y a nosotros también— a que respondan a la gracia de Dios de manera sacrificada.

Preguntas

1. *Las campañas para recaudar fondos gozan de mala reputación en círculos cristianos. ¿Cómo podríamos convertir la recaudación de fondos para proyectos cristianos en algo que nos produzca alegría y sea una experiencia positiva?*

2. *¿Qué diferencia podría causar a tu generosidad el hecho de que percibas el asunto como si tuviese elementos a los que Pablo se refiere, es decir, dar primero al Señor y luego a los demás?*

3. *¿Se te ocurren ejemplos de generosidad sacrificada que lograron inspirar a ti o a tu grupo para que contribuyeran de una manera mucho más generosa?*

La ofrenda

El tema de la colecta para la iglesia de Jerusalén domina los capítulos 8 y 9 de 2 Corintios. Es probable que la historia haya empezado cuando los dirigentes de la iglesia de Jerusalén le pidieron a Pablo que no se olvidara de las necesidades de los pobres (Gá 2.10). Luego él presentó el proyecto, en parte debido a la urgente necesidad de cubrir las necesidades de los cristianos que atravesaban por una escasez severa, y en parte porque era la oportunidad ideal para fomentar el sentido de solidaridad entre los creyentes de trasfondo gentil y judío.

La pobreza de la iglesia de Jerusalén fue el resultado de una serie de factores. En calidad de judíos convertidos al cristianismo, encaraban la hostilidad de sus familias y vecinos, y es probable que muchos perdiesen sus empleos. Asimismo, es posible que aquellos que no los perdieron eran sirvientes cuya paga no alcanzaba para el sustento de sus familias, y lo mismo sucedía con la más amplia comunidad de cristianos en la ciudad. Sabemos (Hch 11.27–30) que ellos también sufrieron los efectos de la hambruna, lo cual agravó su carencia.

Pablo menciona la colecta en 1 Corintios 16.1–4, en donde ofrece instrucciones a los corintios para que separen ofrendas de una manera frecuente. Les dijo lo mismo a las iglesias de Galacia. En Romanos 15.25–28 también menciona a aquellos que contribuyeron a la colecta

Según hemos visto en 2 Corintios 8–9, Pablo recurrió a los creyentes de la iglesia de Corinto para que ofrendasen generosamente, ya que esto representaba una importante manifestación de la gracia del evangelio, pues aliviaría la presión que sufrían los cristianos necesitados y sería un ejemplo de la verdadera hermandad. En los inicios de la iglesia cristiana, era muy importante que se dejase bien en claro el hecho de que tanto judíos como gentiles pertenecían a la misma familia, y que la lealtad que se debían unos a otros tenía que manifestarse de maneras prácticas. Algunos piensan que la colecta fue una manifestación del agradecimiento que los cristianos gentiles sentían por el legado especial que recibieron de parte de sus hermanos judíos. Quizá tenían en mente algunas de las profecías de Isaías y Miqueas, en las que se predijo que en los últimos días los gentiles traerían ofrendas a Jerusalén (Is 2.2–4; 60.60–61; Mi 4.13).

El firme compromiso que Pablo demostró tener para la colecta nos hace saber que él no solo la consideró un acto en pro del bienestar y la hermandad, sino también como un importante material pedagógico para un sinnúmero de doctrinas, como el culto cristiano, el discipulado, la comunidad de creyentes y el propio evangelio.

Capítulo 23

Es cuestión de igualdad

2 Corintios 8.6–15

Dado que el acto de ofrendar se relaciona con la esencia del evangelio, debería también ser parte de la esencia de la vida cristiana.

Valiéndose del ejemplo de las iglesias macedonias, Pablo ruega a los corintios que sean generosos con sus ofrendas: «En medio de las pruebas más difíciles, su desbordante alegría y su extrema pobreza abundaron en rica generosidad» (8.2). La siguiente sección empieza con la frase subordinada «de modo que rogamos a Tito [...]» (v. 6). A la luz de la respuesta macedonia, Pablo alienta a los corintios a que se preparen para responder a la visita de Tito y a finalizar la colecta para las iglesias de Judea. Les presenta más incentivos con el propósito de animarlos a ofrendar, los cuales deben también dar forma a nuestras motivaciones.

1. Ofrendar con generosidad debe ser parte de una vida cristiana madura (8.7–8)

Ya hemos visto (8.1) que Pablo usa el término «gracia» con bastante frecuencia en esta sección y lo hace dos veces en los versículos 6 y 7. La gracia que se genera como producto de nuestro ofrendar es tan importante en la vida cristiana como lo son la fe, el conocimiento o el amor. Ya que los corintios sobresalían en todos estos dones, Pablo les ruega que destaquen también en la gracia que nace del ofrendar (v. 7), pues forma parte de un discipulado cristiano maduro, y no es opcional.

Todo esto requiere un cambio de mentalidad en muchos cristianos, para quienes ofrendar se ubica en los márgenes de su discipulado. Por lo general, se debe a que cometemos el error de compartimentar nuestras vidas, es decir, de identificar algunas características de la fe cristiana como más espirituales que otras. Pero la realidad y la calidad del culto que le rendimos a Dios se mide no solo por la manera en que respondemos verbalmente en oración y en cantos, sino también cuando se colecta la ofrenda durante los cultos. La gracia que proviene de dar debería ser una característica central de nuestro servicio cristiano, así como todos los demás aspectos de nuestra vida espiritual, pues forma parte del llamado de Dios a que seamos cristianos maduros. Por ello, Pablo no recurre a su autoridad apostólica para ordenar a los corintios a fin de que ofrenden en la colecta (v. 8); más bien, los motiva para que su acto de ofrendar nazca de una manera natural como resultado de su amor y entrega sincera a Cristo y al prójimo. No hay necesidad de que lo hagan a la fuerza, ya que la gracia de dar es una expresión voluntaria y alegre de la verdadera espiritualidad.

2. Ofrendar con generosidad es una manera de responder a la gracia del evangelio (8.9)

Pablo nos ofrece aquí una joya teológica: «Ya conocen la gracia de nuestro Señor Jesucristo, que, aunque era rico, por causa de ustedes se hizo pobre, para que mediante su pobreza ustedes llegaran a ser ricos» (v. 9). Con unas cuantas palabras, logra expresar el profundo misterio de la encarnación de Cristo, incluyendo las repercusiones de su sacrificio voluntario en calidad de Hijo de Dios y las inmerecidas riquezas para nosotros.

Es muy común que Pablo justifique sus exhortaciones morales con un argumento teológico. En esta parte nos presenta una de las más finas expresiones respecto a la naturaleza del evangelio como parte del aliento que da a los corintios para que sean generosos al apoyar las necesidades de los demás. Les dice que presten atención a lo que Cristo ha hecho por ellos, que traten de imaginarse el alcance de su sacrificio cuando renunció a las riquezas del cielo e ingresó a un mundo de pobreza, Asimismo, les solicita que también reflexionen sobre las riquezas espirituales que ya son suyas como resultado de la generosidad de Cristo.

Un versículo como este ubica el acto de ofrendar en la perspectiva correcta. Aquel que nos llama a que seamos generosos es el mismo que fue rico y que por nosotros se hizo pobre. La gracia de Dios se ha manifestado en su generosidad hacia los que se encuentran desesperados y necesitados, y ahora nuestra generosidad debe reflejar algo de aquella generosidad divina. Por esta razón, todo el argumento de Pablo en los capítulos 8 y 9 se fundamenta en torno al concepto de la gracia. Tal como Jesús lo expresó: «Lo que ustedes recibieron gratis, denlo gratuitamente» (Mt 10.8).

3. Ofrendar con generosidad es un asunto relacionado con una vida cristiana responsable (8.10–12)

En esta parte Pablo empieza su argumento resaltando la importancia de terminar lo que uno empieza (2Co 8.10–12). Los corintios empezaron bien. Un año antes habían sido los más entusiastas (v. 10), pues colectaron ofrendas con frecuencia, pero ahora necesitan terminar la buena obra que empezaron (v. 11). Pablo da a entender que esto no solo es importante para los que recibirán la ofrenda, sino también para los corintios, porque este asunto «les conviene» (v. 10). Llegar a cumplir este proyecto es parte de su deber responsable y alegre, y producirá su propia recompensa. Una vez más, todo ello forma parte del discipulado. Una vez que hayas puesto tus manos en el arado, no debes mirar atrás. Una vez que hayas empezado a construir la torre, asegúrate de que la puedas terminar (ver Lc 9.62; 14.23–30).

La evaluación que Dios hará de sus ofrendas no se basará en la cantidad de efectivo que haya en la caja, sino en la proporción que den en relación con sus medios (v. 12). Aquí Pablo afirma el mismo principio que aparece en el relato de las dos moneditas que ofrendó la viuda. La persona que ofrenda más no es necesariamente la más generosa.

La generosidad se relaciona con los recursos que se te ha encargado, es decir, la administración adecuada de lo que Dios te ha entregado. La ofrenda de la viuda en la forma de dos moneditas de muy poco valor aparece en la Biblia (Mc 12.41–44; Lc 21.1–4) porque representa una ofrenda sacrificada en relación con todos sus bienes. De la misma manera, Dios no espera que ofrendemos de lo que no tenemos (2Co 8.12). Más bien, la gracia de dar es una respuesta voluntaria, gozosa y sacrificada al evangelio, en proporción a los bienes sobre los que se nos ha dado la responsabilidad de administrarlos.

4. Ofrendar con generosidad nos lleva a la igualdad (8.13–15)

Los corintios deberían ayudar a las necesidades de los demás como parte de toda la hermandad, no para que otros vivan con lujos mientras ellos están sufriendo (8.13), sino con el fin de que se llegue a tener una justa distribución de recursos (v. 14). Cuando llegue el día en que los corintios sufran necesidades económicas, entonces se espera que los cristianos del norte obren con la misma generosidad. Se trata de un compromiso recíproco y una solidaridad con todos los cristianos.

Algunos comentaristas sugieren que Pablo no limita su tema al asunto del dinero, es decir, al hecho de que los corintios están en capacidad de ofrecer una contribución monetaria para las necesidades de los creyentes de Judea, para que estos puedan seguir compartiendo las riquezas del evangelio con los creyentes gentiles que se encuentran al sur de ellos. Sea como fuere, el punto principal con el que Pablo anima a los creyentes de Corinto es que existe un incentivo fundamental en la comunidad de cristianos: que se cumplan las necesidades de cada persona. Asimismo, esto requiere generosidad de parte de aquellos que tienen los recursos para compartir.

Pablo recurre a la historia del maná en el desierto (Éx 16.18) para comunicar la idea de que esta manera de ofrendar no debería causar más desigualdades, sino lograr que todos puedan tener lo suficiente (2Co 8.15). Ello fue parte del milagro de la provisión de Dios en Éxodo 16, debido al cual, sin que importara que hubiera logrado recolectar mucho o poco, cada uno tuvo lo suficiente para cubrir sus necesidades.

Así que Pablo nos dice que la gracia de dar proveerá a todos de una manera adecuada.

En muchos países del mundo, incluyendo las ricas naciones occidentales, la separación entre ricos y pobres se ha ampliado notoriamente. Ninguno de nosotros puede ignorar los retos que nos presentan estos versículos que nos incentivan intensamente a comprometernos con las necesidades del prójimo. Ya sea en nuestra propia comunidad cristiana o en el contexto de las desigualdades que existen entre las naciones, necesitamos reflexionar respecto a la manera en que nuestro ofrendar se ciñe a los temas que Pablo menciona; esto es, nuestro discipulado, nuestra entrega al evangelio, nuestro manejo de los recursos que Dios nos ha dado, y nuestro genuino interés por la justicia y la igualdad.

Preguntas

1. *En el proceso de alentar a la iglesia a la que se ofrenda, ¿por qué es importante presentar este ministerio como un reflejo de la gracia del evangelio?*

2. *¿Cuán consciente estás respecto a las necesidades de los demás dentro de tu propia comunidad cristiana y en la iglesia en general? ¿Cómo crees que podrías informarte más al respecto?*

3. *Pablo no menciona el término «diezmo» (ver Lv 27.30–32; Dt 26.12). ¿Cuál crees que sea la razón de ello? ¿Crees que ofrendar una décima parte sea una buena regla para los cristianos? (ver el cuadro titulado «Los diezmos», p. 161).*

Capítulo 24

Evitar cualquier crítica

2 Corintios 8.16–9.5

Es necesario que manejemos el dinero con la más extrema honradez para evitar que se nos critique por malos manejos. Se deben implementar procedimientos prácticos para evitar cualquier posible tentación y crítica.

Pablo tomó muy en serio la colecta de los corintios. Esto lo vemos no solo en la manera en que les pidió que la llevaran a cabo, sino también en la forma responsable en que debían manejar toda la operación. Esta sección nos presenta una serie de pasos prácticos de Pablo para asegurarse de que todo saliera bien. Cada paso nos revela cuán importante es la administración que se realiza con buen criterio y también el acto de ofrendar en el contexto de la comunidad cristiana.

1. Siervos fieles (8.16–19)

Pablo solicita que vayan a Corinto a recibir la ofrenda de los corintios a varios de sus colaboradores del ministerio, entre quienes estaba Tito, uno de los que apoyaba el proyecto de todo corazón (8.16–17). También iría un hermano muy conocido, tanto que Pablo no tuvo necesidad de mencionar su nombre. Vale la pena notar que el apóstol lo identifica en relación con los servicios prestados al evangelio (v. 18). Además, este personaje había sido elegido por las iglesias para que administrase la colecta (v. 19). En el versículo 22 se menciona a otro colaborador, y se dice de él que es «diligente».

Con ello, Pablo muestra que ha puesto la colecta de la ofrenda en manos de siervos fieles y confiables, que se han comprometido con el evangelio y son plenamente fiables. En Hechos 6, cuando la iglesia se vio en la necesidad de nombrar a gente que pudiese aliviar a los apóstoles de las tareas prácticas y laboriosas, decidieron elegir a hombres «llenos del Espíritu» (Hch 6.3). El punto en cuestión es que cada vez que se requieran personas para ocupar cargos en la comunidad cristiana, será necesario que cumplan requisitos espirituales. Esto es importante en el área de la administración del dinero, ya sea cuando se contabilicen las ofrendas del domingo o se administren los fondos de alguna organización cristiana. Los colaboradores de Pablo eran de lo mejor que había y se podía confiar en ellos para que cumplieran un ministerio fiel y una diligente labor con integridad.

2. Administrar con esmero (8.20–21)

Recurrir a colaboradores confiables era parte de un plan administrativo que tenía criterio e integridad. Pablo se esfuerza bastante en asegurarse de que todo se haga no solo de una manera correcta, sino que también se ejecute «delante de los demás» (8.21). Para evitar cualquier crítica, era necesario que Pablo contara con la ayuda de sus colaboradores (v. 20). Debido a que la ofrenda era una gran cantidad de dinero, el apóstol necesitaba de compañeros de viaje para garantizar una protección adecuada. El trabajo en equipo es importante en todo aspecto de la vida de la iglesia debido al beneficio especial que ofrecen los dones compartidos, el apoyo y el aliento mutuo, y en particular por la necesidad de rendir cuentas de lo que se hace. Esto es muy importante en lo que concierne a la administración financiera. Asimismo, estos colaboradores debían ser personas confiables, cuyos dones espirituales y cualidades prácticas eran las correctas para esta labor.

Es vital que a estas alturas seamos francos. La tentación por el dinero probablemente se ubica en el segundo lugar luego de la tentación sexual, no solo entre los dirigentes de la iglesia, sino entre todos sus integrantes, si bien es cierto que los directivos a veces tienen más oportunidades para ser tentados que el resto de nosotros. Y dado que esto puede llegar a ser un instrumento de Satanás para aprovecharse de nuestras debilidades, es importante que la iglesia se asegure de llevar a cabo una atenta administración parecida a la de Pablo. Incluso el más confiable contador o tesorero de la iglesia necesita la compañía de otros para contabilizar el dinero, firmar cheques o hacer transferencias bancarias; de esta manera «procuramos hacer lo correcto, no solo delante del Señor, sino también delante de los demás» (v. 21).

3. Solidaridad entre las iglesias (8.18–19, 23–24)

Esta sección también repite el tema de la primera parte de este capítulo: que la ofrenda en sí misma es una manifestación de la hermandad cristiana (8.4). La manera en que Pablo administra la colecta refleja también la solidaridad entre las iglesias. Lo menciona cuando comenta respecto a sus colaboradores: el hermano «que se ha ganado el reconocimiento de todas las iglesias» y que «las iglesias lo escogieron para que nos acompañe cuando llevemos la ofrenda» (vv. 18–19). Es claro que hubo un sentido de pertenencia respecto al proyecto, ya que las iglesias involucradas lograron elegir el equipo de colaboradores. De manera similar, resalta el sentido de colaboración cuando menciona a Tito como «colaborador entre ustedes» y a los otros hermanos que «son enviados de las iglesias» (v. 23). Pero esta no solo es la iniciativa de Pablo o Tito, pues se trata de un proyecto compartido por todas las iglesias, en el que se sienten incluidos todos los involucrados.

Esto también forma parte del pedido de Pablo a los creyentes de Corinto. Si sus colaboradores representan a las iglesias, entonces es importante que los corintios los respeten, los reciban con afecto cuando lleguen a recolectar la ofrenda y demuestren el amor que tienen por sus hermanos «para testimonio ante las iglesias» (v. 24). Pablo les dice que demuestren la razón por la que él se siente orgulloso de ellos; que no lo defrauden luego de todos los elogios que les dio, sino que manifiesten una prueba de su amor por medio de su ofrenda. Este compromiso práctico mediante la ofrenda, fue parte de la solidaridad con los demás.

Muchos de nosotros conocemos bien los lazos especiales que nos unen con otros creyentes como producto del apoyo económico. Ya sea que demos o recibamos, cuando la gracia impregna todo el proceso, nuestra hermandad se hace más profunda. Formar parte de una comunidad cristiana exige que seamos generosos; a cambio, esta generosidad fortalece el sentido de comunidad cristiana.

4. Honrar al Señor (8.19, 21–22)

Para reafirmar el hecho de que la ofrenda es parte del servicio a Cristo, Pablo menciona varias veces cuán importante es honrarlo; por ello, el equipo de colaboradores debía administrar la ofrenda «para honrar al Señor» (8.19). El esmerado procedimiento que llevarían a cabo debía asegurarles que todo se hiciera correctamente «delante» de Dios (v. 21). En cuanto a los demás colaboradores que participaban en la colecta, debían ser «una honra para Cristo» (v. 23).

Nada se hizo al azar o de manera informal; no se dejó ninguna oportunidad para la crítica; no se permitió que nada deshonrase el nombre de Cristo. Esto mismo debería aplicarse a todo aspecto de la obra de la iglesia. Nuestro propósito no debe ser la edificación de nuestra propia organización o reputación o llamar la atención a nuestras propias habilidades y éxitos, sino honrar a Cristo. Esta es la razón por la que la iglesia está aquí.

5. Preparados para dar (9.1–5)

Pablo recurre al ejemplo de los macedonios para alentar a los corintios a que ofrenden generosamente, y con el mismo propósito había alabado a estos ante aquellos cuando les tocó hacer su colecta (9.2). Fue una estrategia que produjo buenos resultados, dado que oír sobre el entusiasmo de los corintios sirvió «de estímulo a la mayoría de ellos [los macedonios]» (v. 2). Sobre esto les escribe a los creyentes de Corinto para rogarles que vivan a la altura del orgullo que él sentía por ellos (v. 3). Pablo desea asegurarse de que los corintios no se avergüencen en caso de que algunos creyentes macedonios lo acompañen a Corinto con grandes expectativas respecto a la generosidad de esta iglesia solo para descubrir que los creyentes de Corinto eran mezquinos con su dinero (v. 4).

Una vez más, Pablo actúa con criterio pastoral para reafirmar la buena voluntad de los corintios; está seguro de que quieren ayudar, que lograrán recolectar una generosa ofrenda y que él ya no tendrá necesidad de seguir motivándolos. Más bien, les anticipa que sus colaboradores estarán por llegar pronto para dar fin a los detalles finales y recolectar la ofrenda antes de que él llegue (v. 5).

Como Pablo escribió en el capítulo 8, se trata sencillamente de cumplir con lo prometido y recolectar la ofrenda con un sentimiento de alegría. Les repite varias veces que su ofrenda no debe ser hecha de mala gana, sino con generosidad (8.4, 10, 11, 12; 9.5, 7). A la luz de los incentivos que Pablo presenta, no debe quedarnos ninguna duda respecto a la manera en que debemos responder. Pero, antes de que termine el capítulo, nos enseña un importante principio que nos servirá de mayor motivación.

Preguntas

1. *¿Cuáles son los mecanismos necesarios que nos aseguran una buena administración de la iglesia en la actualidad?*
2. *¿Crees que hay oportunidades para fortalecer tu solidaridad con otras iglesias por medio de la cooperación en proyectos económicos?*
3. *Pablo nos recalca que una ofrenda genuina debe ser voluntaria y generosa (9.5). ¿Cuál es tu motivo principal cuando ofrendas?*

Capítulo 25

Dios ama
al que da con alegría

2 Corintios 9.6–15

El ofrendar produce una reacción en cadena que beneficia a todos los participantes y da la gloria a Dios.

En la sección final de este pedido para que los corintios ofrenden con generosidad, Pablo presenta un principio básico, el cual se ciñe a la Biblia y a las leyes de la naturaleza: cosechar lo que se siembra. «Recuerden esto: El que siembra escasamente, escasamente cosechará, y el que siembra en abundancia, en abundancia cosechará» (9.6). Luego explica las repercusiones de este sencillo proverbio en los siguientes versículos, demostrando que el acto de dar inicia una reacción en cadena.

1. Sembrar y cosechar (9.6–12)

Así como el agricultor determina cuántas semillas debe usar y cuántos campos debe labrar, del mismo modo, cada uno de nosotros debe determinar en nuestros corazones lo que ha de ofrendar (9.7). Se trata de una decisión voluntaria, la cual, en el tiempo adecuado, producirá una cosecha. Pablo recurre a ejemplos tomados de la agricultura, lo cual no es raro para él. Varios proverbios usan también este tipo de ejemplos (Pr 11.24–25; 19.17; 22.8–9) y el propio Jesús enseña que hay una conexión entre dar y recibir: «Porque con la medida que midan a otros, se les medirá a ustedes» (Lc 6.38).

El propósito de Pablo no es generar una respuesta egoísta e interesada, es decir, «si doy más, es porque recibiré más». A veces las técnicas de recaudación de fondos que usan algunas organizaciones cristianas apelan a estos motivos egoístas. Michael Thomson nos cuenta la historia de un radioevangelista que prometía lo siguiente: «Envíanos 20 dólares y Dios te devolverá tres veces más de lo que nos has dado». En una oportunidad recibió una carta de un oyente en la que le sugería lo siguiente: «¡Denos usted mejor los 20 dólares y entonces recibirá tres veces dicha cantidad!».[11]

El propósito de esta sección en la carta de Pablo es ampliar nuestra visión respecto al tema de ofrendar y la reacción en cadena que produce nuestra generosidad en toda dirección. Explica en estos versículos que habrá una gran cosecha debido a nuestra gran generosidad. Por ello, cada uno de nosotros debe ofrendar voluntaria y generosamente (v. 7) y con alegría.[12]

Pablo empieza haciendo énfasis en Dios, que es la fuente de toda bendición. Él es quien provee todo lo que necesitamos. En tan solo un versículo (v. 8) usa el adjetivo «toda(o)» cuatro veces para demostrar la capacidad que Dios tiene para cuidar de nosotros y, a cambio, capacitarnos para que cuidemos del prójimo. Vale la pena notar que la gracia se ubica una vez más en el centro de todo. Cualquiera sea la circunstancia de nuestras vidas, Dios cubrirá nuestras necesidades.

Para respaldar su argumento, Pablo cita el salmo 112 a fin de mostrar que no solo Dios es constantemente generoso con sus provisiones para los necesitados, sino que también su generosidad hará que

---

[11] Michael Thomson, *Transforming Grace: A Study of 2 Corinthians* (Oxford: The Bible Reading Fellowship, 1998), 84.

[12] Nota del traductor: en la versión inglesa, el autor menciona que en muchas ocasiones se ha propuesto que este versículo podría traducirse como *God loves a hilarious giver*, y luego explica el significado de *hilarious*. El problema con esta alternativa es que, si bien en el original griego aparece la palabra *hilarós* (con gozo, con alegría), la cual pasó al latín como *hilaris* y muchos siglos después al inglés *hilarious*, su significado moderno ha evolucionado hacia el adjetivo superlativo «divertidísimo» o «graciosísimo». Incluso en español tenemos el adjetivo moderno «hilarante», como en *gas hilarante*.

nosotros igualmente compartamos nuestros bienes con los necesitados mediante nuestros actos de justicia. Así como Dios provee semillas para el sembrador y vela por el proceso de su crecimiento, también seguirá obrando en nuestras vidas, alentándonos a que sigamos comportándonos con justicia, lo cual llegará a producir una cosecha aún más grande.

Luego menciona las tres maneras en que se tendrá un resultado productivo. En primer lugar, el que da será enriquecido (9.11). Pablo explica que los corintios «serán enriquecidos en todo sentido». La provisión de Dios que ellos reciban significará que serán capaces de ser aún más generosos, porque así es la manera en que Dios opera. Él nos da más para que nosotros demos más. Parte de este enriquecimiento se relaciona con el hecho de que otros estarán orando por los que dan (v. 14), lo cual forma parte de la respuesta de la comunidad cristiana y de los efectos de ofrendar generosamente.

En segundo lugar, el acto de dar cubre las necesidades del pueblo de Dios (v. 12). Este «servicio sagrado» constituye un acto de adoración (del término que Pablo usa extraemos la palabra «liturgia»), y nos queda claro que la razón inicial para la colecta fue satisfacer las necesidades de los cristianos de Jerusalén que atravesaban por grandes carencias.

Hay una tercera consecuencia, que es la más importante de todas. Pablo la menciona varias veces; esto es, que daremos gracias al Señor por ello: «para que por medio de nosotros la generosidad de ustedes resulte en acciones de gracias a Dios» (v. 11) y «también redunda en abundantes acciones de gracias a Dios» (v. 12), lo cual hará que ellos lo alaben (v. 13; ver también 1.11; 4.15).

Tal como hemos visto, la ofrenda de los cristianos con sacrificio y generosidad repercute en el logro de la experiencia de la gracia del evangelio y en la comprensión de la dinámica de lo que sucede en la comunidad de creyentes. Ambos puntos se han abordado en esta sección. En el versículo 13 Pablo explica que la prueba indubitable de haber recibido el evangelio es la obediencia, es decir, el compromiso práctico de ofrendar. Luego, en el mismo versículo, menciona que, «por su generosa solidaridad con ellos y con todos», el acto de ofrendar se relaciona con nuestra entrega al evangelio y al pueblo de Dios. Cuando la generosidad se manifiesta, debe generar una respuesta de agradecimiento y adoración a Dios. Pablo también nos sugiere que la manera en que se expresa produce una reacción en cadena: el acto de ofrendar «redunda en abundantes acciones de gracias a Dios» (v. 12).

2. La sobreabundante gracia de Dios (9.13–15)

Ahora que el capítulo llega a su final, Pablo tiene aún más que decir respecto a la gracia de Dios, porque cuando los corintios logren ofrendar, otros creyentes sabrán que ello ha sido el resultado de la «sobreabundante gracia» que Dios les ha otorgado (9.14). Con este pensamiento, llega a la parte de su doxología: si el ofrendar produce una cosecha tan maravillosa, todo ello nace de la generosidad de Dios hacia nosotros por medio del «don inefable» de su Hijo (v. 15). La palabra «gracias» que aparece en el versículo 15 es la traducción del griego *jaris*,[13] que normalmente se traduce como «gracia». Todo respecto a estos dos capítulos lleva aquel aliento divino. Dios ha sido superlativamente generoso con nosotros, que somos los que menos merecíamos su gracia. Ahora, como expresión de nuestro culto y agradecimiento a Dios, se nos ha llamado a reflejar aquella gracia mediante nuestra dadivosidad hacia nuestro prójimo. Su expresión final nos recuerda que no hay ninguna otra norma más grande que rija nuestro dar y nuestras motivaciones que la venida de Cristo, su vida y su muerte. «¡Gracias a Dios por su don inefable!» (v. 15).

---

[13] Nota del traductor: Algún atento lector se habrá dado cuenta de que el término griego *jaris* ha sido escrito con jota no con che, como normalmente se lee en otras trasliteraciones (*charis*). El asunto se relaciona con la hegemonía que el idioma inglés ha venido ejerciendo en todas las demás lenguas. La tabla fonética del inglés translitera *charis* con che porque se les hace más fácil pronunciar el sonido [k] que [j] (otras lenguas enfrentan el mismo dilema). Pero, curiosamente, en el idioma griego *charis* se pronuncia como *jaris*, y así lo deberíamos hacer en español.

Preguntas

1. Si en los cultos de tu iglesia hubiera un momento formal para recolectar donativos, ¿cómo se podría lograr que esta «ofrenda» forme verdaderamente parte del culto de adoración?
2. ¿Conoces algunos casos en los que has visto los efectos de la «reacción en cadena» del acto cristiano de ofrendar?
3. Discutan en grupo la noción de «hermandad» o «comunidad cristiana». Hagan una lista de los ingredientes básicos que debe tener una hermandad o comunidad cristiana.

Los diezmos

La palabra «diezmo», como su nombre lo sugiere, proviene del pago que se hace del diez por ciento del total. En el Antiguo Testamento, fue un importante principio de la comunidad, porque no solo representaba una expresión de gratitud hacia Dios, sino que también era el medio por el que se recolectaban provisiones para los pobres, los levitas y los sacerdotes. No solo se daba dinero; también se diezmaba parte de las cosechas, los frutos y los animales.

En 2 Corintios 8, Pablo nos muestra que, así como Jesús no limitaba el acto de dar al diez por ciento, sino que ponía énfasis en el asunto de la generosidad y el sacrificio. Pablo no era muy amigo de las reglas estrictas; al contrario, le entusiasmaba más la gratitud rebosante.

Así que ¿deben los cristianos diezmar en el presente? Pues, ciertamente sería un buen paso inicial. Pero, en cierto sentido, la controversia en torno a un estricto diezmo puede convertirse en un tema que no conduce a nada. Estos dos capítulos de 2 Corintios nos animan a dar con alegría y generosidad sacrificada. Ciertamente hay lugar para los que quieran dar de una manera planificada (1Co 16.1–2), pero la exhortación de Pablo claramente está ligada a la gracia del evangelio. En otras palabras, Dios no limitó su entrega a un cálculo matemático. Más bien, el referente que tenemos para nuestras actitudes y motivaciones es la entrega total que realizó Jesús (Mt 10.8).

Se ha propuesto una solución práctica a partir de la idea de un «diezmo gradual». Esta idea propone que primero determinemos el dinero que necesitamos según nuestro nivel y estilo económico de vida y luego demos el diez por ciento de esa cantidad. Luego, por ejemplo, por cada cien unidades monetarias que recibamos por sobre el nivel determinado, aumentaremos también nuestra ofrenda (quizá un cinco por ciento más), hasta que logremos en última instancia el punto en el que ofrendemos el cien por ciento de todo ingreso adicional a nuestro nivel de vida. Claro está que estas cifras variarán según las culturas y las circunstancias, pero vale la pena tener alguna forma práctica para fomentar la generosidad. El principio que Pablo desea comunicar en 2 Corintios es el siguiente: nuestras ofrendas deben manifestar la gracia del evangelio.

Cuarta parte

Pablo apela a su autoridad

2 Corintios 10.1–13.14

Capítulo 26

Genuina autoridad

2 Corintios 10.1–11

Los dirigentes de la iglesia, que representan a Dios, no deberían ceñirse a nociones de gerenciamiento seculares, sino al modelo de Cristo.

El cambio de tono en los cuatro capítulos finales de esta carta es tan notorio que los comentaristas han propuesto varias interpretaciones en torno a su redacción. ¿Será que estos capítulos finales pertenecían a otra carta? Quizá fueron parte de aquella «triste carta» que Pablo mencionó en 2.3–4. O tal vez recibió de Corinto unas noticias que le causaron tanta preocupación que decidió ser más enérgico y advertirles acerca de los peligros de parte de los falsos maestros, cuya influencia parecía dominar la iglesia. Algunas de estas ideas aparecen al final de esta sección; pero, sea cual fuere la razón, se ve un notorio cambio de tono en el estilo de escritura en estos capítulos finales.

En primer lugar, Pablo recurre a la ironía, incluso al sarcasmo, cuando responde a las acusaciones que se presentan en contra de él. Los falsos maestros de Corinto tenían ciertas expectativas respecto a los dirigentes espirituales, expectativas que se ceñían a la cultura griega de aquellos días, según la cual los dirigentes debían ser oradores elocuentes y poseer un impresionante aspecto físico. Así, cualquier señal de «debilidad» no tenía cabida en su vocabulario. Igualmente, en calidad de gurúes espirituales, tenían que mostrar un carácter superespiritual o casi *extraterrestre*; por ejemplo, debían haber tenido experiencias místicas, revelaciones especiales y un canal de acceso a la divinidad que los identificaba como personajes especiales.

Pablo responde con una serie de argumentos muy emotivos, cada uno de los cuales nos revela algo no solo de su llamado a ser apóstol, sino también de las características que debemos identificar en todo verdadero dirigente cristiano. No le interesa defender a todo precio su orgullo herido ni tampoco su reputación. Sus motivos se relacionan con otros asuntos. Le preocupa profundamente el bienestar de los creyentes corintios y quiere asegurarse de que no caigan presa de nociones falsas respecto al evangelio. El motivo de su feroz respuesta no proviene de un enojo personal, sino de la compasión que siente por los demás y por la convicción de que debe defender el evangelio.

1. Su modelo es Cristo (10.1–2)

Pablo tuvo que enfrentarse a un dilema cuando confrontó las acusaciones de los falsos maestros. Por un lado, estos habían dado a entender que el apóstol tan solo era un gran parlanchín, que no había nada impresionante respecto a él y que, aunque trató de demostrar su autoridad en sus cartas, no era más que un pusilánime. Según estos, era como un perro que ladra, pero no muerde, y que fue tímido cuando se encontró cara a cara con ellos (10.1). Así que, no hacer nada frente a aquellas acusaciones tan solo confirmaría las sospechas de los corintios: no es ningún apóstol, es un impostor debilucho. Por otro lado, si respondía las críticas con una carta agresiva, obtendría los mismos resultados: «Véanlo otra vez —dirían los corintios— escribiéndonos tanto atrevimiento, pero a una distancia segura de unos cientos de kilómetros».

Por tanto, las primeras palabras del capítulo son muy importantes. El modelo de dirigencia que Pablo elige es el propio Jesús. Su apelación a los corintios se basa en «la ternura y la bondad de Cristo» (v. 1). Las cualidades con las que el apóstol desea identificarse no son las de un descarado y gritón, como las de un personaje del espectáculo, las de un hábil político con su manipuladora oratoria o las de un dios griego de hazañas heroicas. Quiere que lo identifiquen con Jesús, con el dominio y el poder del Señor encarnado. Pero la ternura y la bondad no deben confundirse con la pasividad. Cuando la ocasión lo exigió, Jesús estuvo dispuesto a hablar sin pelos en la lengua y con firmeza, y Pablo también. Por ello, exhorta a los corintios a que pongan orden en su casa, para que cuando los visite no tenga que imponer la disciplina (v. 2). Además, tomará firmes decisiones, de ser necesarias (v. 6). Pero su estilo no es como el de los falsos maestros. Pablo no es una superestrella espiritual que vive en cierta clase de espacio místico en algún lugar fuera del planeta; más bien, forma parte de los vaivenes de este mundo (v. 3), así como Jesús. Sin embargo, su manera de actuar no es secular; sus armas no son las de este mundo; pero ¿cómo luchará contra estos falsos maestros?

2. Su arma es la verdad (10.3–6)

En varias de sus cartas Pablo menciona que los cristianos han sido equipados para la lucha espiritual con las armas que Dios les ha provisto (2Co 6.6–7; Ef 6.14–17; 1Ts 5.8). Estas armas incluyen la verdad del evangelio, la palabra de Dios, la oración y la fe, todas las cuales poseen el poder del Espíritu Santo. Aquí describe que estas armas «tienen el poder divino para derribar fortalezas» (2Co 10.4).

A Pablo le preocupa en particular la guerra ideológica, la batalla por los corazones y las mentes. Quiere demostrar a los falsos maestros que la sabiduría de este mundo es necedad y que el verdadero apostolado no se fundamenta en la sabiduría humana y la petulancia intelectual, sino solo en el evangelio de Cristo. Dice básicamente lo mismo en 1 Corintios: «¿Dónde está el sabio? ¿Dónde el erudito? ¿Dónde el filósofo de esta época? ¿No ha convertido Dios en locura la sabiduría de este mundo? [...] Dios [...] tuvo a bien salvar, mediante la locura de la predicación, a los que creen» (1Co 1.20–21).

El mensaje del evangelio es capaz de demoler las fortalezas que se oponen al dominio de Cristo (2Co 10.4–5). El propósito de Pablo es llevar «cautivo todo pensamiento para que se someta a Cristo» (v. 5). Los falsos maestros de Corinto necesitan someterse en obediencia a Jesús (v. 6), pero también hay un uso más amplio. La verdadera guerra espiritual consiste en ingresar a territorio enemigo y, por el poder del evangelio y del Espíritu, enfrentarse a todo obstáculo que evite una entrega total a Jesucristo.

Pablo da a conocer su preocupación por el hecho de que, en caso de que los falsos maestros decidieran no obedecer al verdadero evangelio, tuviera que aplicar medidas disciplinarias. Desea asegurarse de que la iglesia lo apoya («una vez que yo pueda contar con la completa obediencia de ustedes», v. 6); pero no se detendrá con el castigo, de ser necesario. Luego procede a explicar la razón de su autoridad.

3. Su autoridad proviene de Dios (10.7–8)

Ahora Pablo revela el fundamento de su apostolado. No tiene temor alguno de que este sea probado, pero quiere que la prueba sea justa.

En primer lugar, así como todos los verdaderos creyentes, pertenece a Cristo (10.7). Si algunos en Corinto exhibían sus credenciales espirituales, debían recordar que Pablo tuvo un encuentro con el Cristo resucitado y que Él mismo lo llamó y lo nombró apóstol, tal como les había explicado con lujo de detalles en la primera parte de su carta. Pablo es el padre espiritual de los corintios, como les recordará en el siguiente capítulo y, por tanto, posee autoridad divina entre ellos.

Luego les explica que tiene el propósito de edificarlos (10.8; 13.10); incluso lo que parecieran ser palabras duras nacen de un deseo de ser constructivo. No se siente avergonzado o pesaroso respecto al llamado del Señor (10.8), pero tampoco quiere que lo malinterpreten. Los aparentemente duros reproches que les debe hacer no tienen la intención de causarles temor, sino de fortalecerlos. La disciplina paternal que debe aplicarles es una manera necesaria de corregirlos si desean ser fieles al evangelio.

4. Su vida es consecuente (10.9–11)

Finalmente, como corresponde a un apóstol de Cristo, Pablo se comporta con total integridad. Aunque lo hayan acusado de ser uno por escrito y otro en persona (10.10), insiste en que su vida es consecuente. Lo que dice que hará, lo cumplirá (v. 11). Impondrá la disciplina sobre aquellos que la necesiten y castigará la desobediencia si fuera necesario (v. 6). En el siguiente capítulo responderá de una manera más directa a la acusación del versículo 10: «pero él en persona no impresiona a nadie, y como orador es un fracaso». Esta imputación formaba parte de las murmuraciones contra Pablo que iban ganando ímpetu en Corinto. Los cristianos corrían el riesgo de creer las noticias falsas de los *superapóstoles* (11.5), cuyos criterios respecto a cómo debería ser un dirigente cristiano seguían más los modelos seculares que a Cristo.

Esta es una de las razones por las que esta parte de la carta es muy valiosa para nosotros, porque en nuestro mundo, los dirigentes cristianos pueden caer en la tentación de edificar su propia fama y darle forma según la frívola moda de la cultura actual (10.4). En vez de seguir la ternura y la bondad de Cristo, se convierten en dictadores, en «insignificante dioses de hojalata», como dijo J. B. Phillips.[14] Así, en lugar de aprovechar las armas de la verdad del evangelio, deciden confiar en la fuerza de la personalidad, el encandilamiento del actor o la oratoria manipuladora del vendedor. En vez de recurrir a la autoridad de Cristo y su palabra, se vuelven autoritarios, carentes de la humildad de un siervo de Jesús. Y sus vidas no muestran la integridad fundamental de las obras que concuerdan con las palabras.

Esta sección representa la andanada inicial que Pablo lanza contra los falsos apóstoles y revela las cualidades que debe imitar todo verdadero siervo del Señor.

Preguntas

1. *¿Qué significa la palabra «ternura» para la gente de hoy? ¿En qué sentido es Cristo «tierno» y cómo debemos seguir su ejemplo?*
2. *¿Qué podemos aprender del ejemplo de Pablo respecto a la manera en que debemos manejar asuntos controversiales en la iglesia?*
3. *¿Qué significa llevar cautivo todo pensamiento para que se someta a Cristo (10.5)?*

---

[14] 1 Pedro 5.3 en la versión del Nuevo Testamento de J. B. Phillips.

La unidad de 2 Corintios

El súbito cambio de velocidad al llegar al capítulo 10 de 2 Corintios es uno de varios ejemplos que ha originado muchos debates acerca de la unidad de la carta. En vez de ser una sola epístola coherente, parece ser un documento producto del «corta y pega». No hay duda de que Pablo escribió cada parte y que los destinatarios eran los corintios, pero da la impresión de que se hubieran colocado juntos dos mensajes distintos para formar una sola carta.

Por ejemplo, hay una larga digresión en 2.14–7.1, y dentro de esta una pequeña sección, 6.14–7.1, que algunos creen que no encaja allí. Después vemos dos capítulos acerca de la colecta (8 y 9) que aparecen de la nada y luego desaparecen sin transición alguna. Pero el debate principal gira en torno a los cuatro capítulos finales de la carta, debido a sus tonos y estilos literarios muy distintos. Llama la atención el hecho de que en (7.6–11) Pablo se alegre de la nueva armonía que goza con los corintios y su «tristeza que proviene de Dios», y que ahora aún sospechen de él (p. ej., 11.7–11) y no se hayan arrepentido (12.21).

Hay tres grandes interpretaciones acerca de esta sección que se lee como si fuera un largo reproche. En primer lugar, algunos sugieren que podría tratarse de la supuesta carta triste a la que Pablo se refirió anteriormente (2.3; 7.12), la cual se incluyó para completar nuestra versión de 2 Corintios en una fecha posterior. El gran problema con esta interpretación es que no hay prueba alguna en los manuscritos griegos que la apoyen. No hay razón para suponer que la carta haya terminado en el capítulo 9; y no existen pruebas de los primeros saludos habituales que habrían acompañado al capítulo 10 si este hubiese sido el inicio de la carta triste.

En segundo lugar, muchos proponen el argumento de que se trata de una sola carta y que hay suficientes temas comunes que demuestran su unidad. Sostienen que en muchas de sus cartas, Pablo elogia a sus lectores y luego les reprocha, por lo que no nos debe sorprender que haya señales de agitación y discontinuidad. Se dice que era poco probable que Pablo estuviese calmado cuando escribió la carta y que el rango de emociones que manifestó concuerda con las controversias que estaba tratando y las muchas presiones que sentía. Pero esta propuesta tampoco es clara, pues el cambio notorio en los últimos cuatro capítulos es tan profundo e inesperado que no podemos justificarlo de una manera tan sencilla.

Esto nos lleva a una tercera postura, que quizá goza de mayor aceptación. Según esta, Pablo escribió los capítulos 1 al 9, pero luego recibió más noticias malas acerca de la situación de la iglesia en Corinto. Entonces, decidió enviar una carta tanto de reproche como de elogio a los creyentes, y esta sección que escribió un tiempo después de haber dictado los capítulos 1 al 9 y luego de haber recibido más noticias, es la que constituye los capítulos 10 al 13.

Nos parece acertado concluir que 2 Corintios es una sola carta aun cuando su proceso de redacción haya sufrido una interrupción. A lo largo de ella encontramos una mezcla de elogios y reproches, y muchas pruebas de la preocupación y el amor que Pablo tenía por los corintios. Y, lo más importante de todo, hallamos el tema del poder que se perfecciona en la debilidad (12.10), el cual une a toda la carta.

Capítulo 27

La verdadera recompensa

2 Corintios 10.12–18

Es fácil caer en la tentación de jactarnos de nosotros mismos, pero lo único que vale la pena es que Dios nos recomiende.

Mientras leemos la defensa de Pablo, intuimos parte del malestar que siente. No solo se trata del dolor de ser criticado, sino de la molestia de tener que escribir acerca de sí mismo, de «jactarse» o de «autorrecomendarse», pero los corintios lo han forzado a que lo haga. Por ello, en el resto de la carta tendrá que «jactarse», con el fin poner en evidencia la vana retórica de aquellos maestros que están apresando las mentes y los corazones de los creyentes que tanto aprecia. Esto va en contra de la corriente, tal como veremos; pero, con mucha habilidad, Pablo les devuelve la jugada a aquellos para quienes jactarse es una parte integral de sus egoístas vidas.

1. La insensatez de recomendarse a sí mismo (10.12)

Pablo se burla de sus críticos mostrándoles cuán insensatos son cuando se recomiendan a sí mismos (10.2). Llegaron a Corinto seguros de sí y trayendo cartas especiales de recomendación firmadas por ellos mismos. Así que no causó sorpresa que se tuvieran que encontrar cara a cara con el contenido de sus propias recomendaciones. Tal como Pablo mostrará en la siguiente sección, la verdadera prueba de autenticidad en el ministerio cristiano no es la clase de testimonio que uno pueda escribir de uno mismo, sino el fruto duradero de la labor que seamos capaces de demostrar por medio de vidas transformadas, iglesias establecidas y cristianos que progresan en la fe. Pablo defiende su caso explicando la razón por la que ha tenido que «jactarse».

2. La razón del llamado de Pablo (10.13–14)

En primer lugar, demuestra una vez más que tiene integridad: no se siente orgulloso de alguna obra que él no hizo. Más bien, la prueba de su apostolado se ve en el «campo que Dios nos ha asignado» (10.13). Describe el territorio que está bajo su responsabilidad. Esto se relaciona con el acuerdo de la división de tareas en Gálatas 2, la cual incluía a Corinto.

Aunque fue algo acordado entre los apóstoles, notemos que Pablo considera su territorio como una responsabilidad que Dios le ha dado (v. 13). Esta es la razón por la que derrocha tantas energías en su labor apostólica, por qué se esforzó tanto en fundar la iglesia de Corinto y por qué ahora se siente tan consternado por la posibilidad de que la iglesia rechace no solo su apostolado, sino también el propio evangelio. La prueba de su apostolado es el hecho de que les ha llevado el evangelio. Si no hubiera visitado Corinto, entonces no tendría nada de que jactarse (v. 14). Pero los creyentes de este lugar saben muy bien cuánto ha trabajado Pablo entre ellos; la misma existencia de la iglesia se debe a los esfuerzos del apóstol. Lo que él quiere no es que reconozcan sus méritos por algo que otros han hecho (vv. 15–16), sino demostrar su llamado divino por medio de los resultados que los corintios conocen muy bien. Como les dice al principio de la carta: ellos mismos son la carta de recomendación de Pablo (3.2).

3. El centro de atención del ministerio apostólico (10.15–16)

Ciertamente, Pablo tiene la esperanza de que su ministerio pueda continuar en Corinto y menciona dos posibles desarrollos importantes (10.15–16). En primer lugar, *profundidad.* Dado que la obra ha empezado, es vital que continúe. Desea ver crecer la fe de los corintios. Ello ocupa un lugar central en la estrategia misionera de Pablo, tal como se lo ha explicado a otras iglesias (Col 1.28–29; 2.6–7). Le preocupa la profundidad y la amplitud; quiere ver congregaciones maduras cuyos fieles sean buenos discípulos, no tan solo estadísticas con cifras de convertidos en cada ciudad.

En segundo lugar, *la misión.* Pablo siempre demostró tener buen ojo para el siguiente reto de evangelización (2Co 10.16). Junto con su preocupación por consolidar la obra, mantuvo su visión pionera. Por ello, ahora tiene la esperanza de que un fuerte sentido de hermandad entre los corintios pueda servir de plataforma desde la cual lanzar más esfuerzos misioneros, «para poder predicar el evangelio más allá de sus regiones» (v. 16). A Pablo siempre le preocupó que la fe siguiera creciendo (v. 15)

Estos dos temas que se manifiestan en estos versículos han sido vitales para las iglesias y los misioneros de todos los tiempos, pero la historia de la iglesia está plagada de ejemplos de proyectos que empezaron bien pero que no se terminaron. Somos muy buenos para empezar algo y no tan buenos para acabarlo.

Además de las tareas de catequizar, discipular, pastorear y fortalecer a la iglesia, debemos mantener siempre en mente cómo llevar el evangelio «más allá» de nuestras regiones (v. 16), en donde el evangelio aún no ha sido proclamado. Quizá esto implique el compromiso de ir a los vecindarios más próximos o el de acudir a otros lugares del mundo, pero lo ideal sería ambos compromisos.

4. La única recompensa que vale la pena (10.17–18)

En contraste con las egoístas afirmaciones de los críticos de Pablo en Corinto, quienes mostraban unos inmensos egos, presentaban testimonios y constantemente se recomendaban a sí mismos, Pablo cita a Jeremías para apoyar su argumento. Si uno quiere jactarse de algo, no debe concentrarse en sus propios logros. No debe vanagloriarse de *la labor para el Señor*, sino jactarse *del Señor que le ha dado esa labor* (10.17), porque lo único que vale la pena en la labor cristiana es la aprobación de Dios (v. 18).

Por tanto, el versículo final del capítulo nos sirve de corrección y gran aliento. Algunos de nosotros quizá nos sintamos tentados a sentirnos orgullosos de nuestros logros como cristianos o quizá veamos que nuestros dones o el nivel que hemos alcanzado en la comunidad cristiana nos ofrecen una importante satisfacción personal y muestran cuán valiosos somos como miembros de la iglesia. Asimismo, algunas de nuestras iglesias u organizaciones quizá tengan la tentación de publicar historias de sus grandes hazañas para sentirse felices y orgullosas de ser centros de superación cristiana y ministerios eficaces. Para todos aquellos que nos sentimos tentados a pensar de esta manera, Pablo nos recuerda lo siguiente: «Porque no es aprobado el que se recomienda a sí mismo, sino aquel a quien recomienda el Señor» (v. 18).

Preguntas

1. *Según tu opinión, ¿cuáles son las cualidades de un dirigente cristiano exitoso?*

2. *¿De qué maneras crees que nuestras iglesias han caído en la tentación de recomendarse a sí mismas?*

3. *¿Cómo podríamos evitar compararnos los unos a los otros (10.12)? ¿Crees que es incorrecto tener modelos para seguir? ¿Crees que hay una manera correcta e incorrecta de compararnos con los demás? ¿Cuáles son?*

4. *¿Cómo se preocupa tu iglesia por aquellos lugares «más allá de sus regiones» (10.16), ya sea local o internacional, y qué hace al respecto?*

Capítulo 28

Verdadero o falso

2 Corintios 11.1–15

El mensaje del evangelio siempre corre el peligro de que lo tergiversen, en particular por falsos maestros cuyo falso mensaje puede convertirse en una amenaza severa. La iglesia debe mantenerse alerta frente a este peligro.

La siguiente sección de la carta de Pablo es intensa en cuanto a la fuerte crítica que lanza contra los falsos apóstoles y expresa una emotiva preocupación por el bienestar de los corintios. Lo que escribe nos transmite pura emoción. Y con motivos, pues era evidente que los falsos maestros recién llegados a Corinto estaban seduciendo a los cristianos corintios para que dejasen su amor por Cristo y su entrega al evangelio.

Pablo se siente indignado por aquella conducta engañosa, por lo que no desperdicia nada de tiempo para denunciar a estos supuestos *superapóstoles* e identificarlos como lo que verdaderamente son: falsos apóstoles, obreros estafadores, servidores del propio Satanás (11.13–15). Lo que escribe es muy duro; pero es importante que prestemos atención a lo que nos dice, porque toda iglesia tendrá que enfrentar sutiles ataques internos de parte de Satanás, que se disfraza de ángel de luz. Es recomendable que estemos alertas frente a estas maquinaciones. En los versículos 1–6 Pablo describe lo que les sucedió a los corintios.

1. Una sutil distracción (11.1–3)

Pablo continúa usando la ironía para lograr que los corintios adviertan lo que les está sucediendo. Les dice que espera que le sigan aguantando sus tonterías un poco más (11.1), lo cual es una de las acusaciones en su contra. Dice que les va muy bien escuchando sus tonterías y delirios, así que quizá puedan resistir un poco más.

Su pasión se manifiesta primero en la manera en que describe su gran interés por los corintios. Su último capítulo fue el resultado de su labor y los frutos de su preciado trabajo misionero. Pablo es como un padre espiritual cuya obligación es amar a su hija y presentarla como una virgen pura a su esposo (v. 2). Así que su actual preocupación, es decir, el horror que expresa ante lo que sucede en Corinto, es producto del gran interés que siente por ello, el cual proviene de Dios.

¿Acaso los corintios no pueden darse cuenta de lo que está sucediendo? Coquetear con un extraño inevitablemente les conducirá a abandonar a su marido. Y este engaño tendrá consecuencias catastróficas. La comparación que Pablo ofrece demuestra cuán seria es esta situación: es como cuando la serpiente engañó a Eva (v. 3). Es sutil y proviene de Satanás y en última instancia conducirá a la destrucción. Si siguen prestando atención a los falsos apóstoles, sus mentes caerán presas de ellos y se alejarán de la devoción a Cristo.

2. Un Jesús distinto (11.4–6)

En su carta a los gálatas Pablo advierte a los creyentes que hay algunos que predican «otro evangelio» (Gá 1.6). En el versículo 4 de este capítulo, usa expresiones muy parecidas: un Jesús diferente, un espíritu diferente, un evangelio diferente. Los corintios estaban tragándose todas las mentiras de los falsos maestros, sin darse cuenta de que estaban traicionando al verdadero evangelio. Como hemos visto, se ha debatido la identidad de estos falsos apóstoles y, por lo general, se ha llegado al consenso de que se trata de judaizantes, es decir, cristianos que provenían de un trasfondo judío y que insistían en que los gentiles convertidos al cristianismo debían obedecer algunas de las leyes de Moisés (ver el cuadro titulado «Los oponentes de Pablo», p. 60).

También hemos visto la manera en que fueron influenciados por la cultura que los rodeaba, la cual les impuso ideas fundamentales respecto al ministerio cristiano y sus dirigentes, quienes tenían una fuerte influencia del mundo secular en vez de los valores del evangelio. En otras palabras, eran creyentes genuinos que formaban parte de la familia de Dios, pero su visión de la vida cristiana sufría una distorsión y sesgo.

Por ello, su influencia era mucho más peligrosa. No eran enemigos que provenían de afuera, sino creyentes de la propia familia. No enseñaban herejías obvias, sino una distorsión de la verdad ortodoxa. Pretendían ser *superapóstoles* con la persuasión de su elocuencia, pero no eran apóstoles del verdadero evangelio, es decir, aquel evangelio en cuyo centro se encuentra la debilidad del Cristo crucificado. Se trataba de un evangelio diferente del que ya habían recibido (2Co 11.4), pero lo más trágico era la facilidad con la que los corintios lo aceptaban. La defensa de Pablo afirma que, si bien probablemente él no sea tan elocuente como sus oponentes, el verdadero apostolado no depende de ninguna elocuencia (vv. 5–6). Pablo ha demostrado tener el conocimiento del evangelio, y constantemente se lo ha dicho a los corintios «de una y mil maneras».

No es fácil para los cristianos de hoy detectar las sutiles distracciones que nos pueden alejar de nuestra sincera devoción a Cristo; por ello, de estos versículos, debemos aprender que es fundamental estar alertas. Cuando alguien predique a un Jesús que ofrezca un discipulado fácil o presente un evangelio que elimine el elemento de debilidad y prometa una espiritualidad triunfalista y exitosa, será momento de empezar a sospechar, porque es muy probable que se trate de otro Jesús y de otro evangelio diferente del que el Nuevo Testamento nos presenta. Quizá se vea atractivo y nos cause buenos sentimientos, pero secuestrará nuestras mentes de la sincera devoción a Cristo.

3. Servicio genuino (11.7–12)

Los oponentes de Pablo lanzaron una acusación más contra él alegando que no era un genuino dirigente espiritual. Decían que era imposible que fuera un apóstol si se dedicaba a tareas de tan baja categoría como fabricar tiendas de campaña. Una vez más, la escala de valores de aquellos que criticaban a Pablo se ceñía más a la cultura griega de esos tiempos que al evangelio. Para los griegos, un dirigente y orador cobraba una buena suma de dinero a su audiencia. Además, consideraban que el trabajo manual era la forma más baja de la actividad humana; ciertamente no era una tarea adecuada para un apóstol.

En su defensa, en primer lugar, Pablo les dice que les llevó el evangelio sin cobrarles ni un centavo, que fue un acto de humilde entrega gracias al apoyo que recibió de parte de otros cristianos (11.7–8). Era importante que los corintios se dieran cuenta de que este acto de parte de Pablo no constituía ningún pecado, que más bien fue motivado por un genuino deseo de servirles y que recibió apoyo de la generosidad de los creyentes de Macedonia; pero, como no quería ser una carga (v. 9), ya sea con el apoyo económico de otros creyentes o por sus propios medios fabricando tiendas de campaña, él seguiría teniendo dicha actitud hacia ellos.

Pablo no se dedica a la tarea del servicio cristiano para enriquecerse, sino para el bienestar de los demás. Vuelve a afirmar vehementemente que obra con absoluta integridad en cuanto a estos asuntos: «Es tan cierto que la verdad de Cristo está en mí como lo es que nadie en las regiones de Acaya podrá privarme de este motivo de orgullo» (v. 10). Ha decidido no tolerar a la gente que lo acusa de que lucra con el ministerio. Sucede todo lo contrario. Se alegra de que pueda seguir sintiendo orgullo por la manera en que ha obrado porque siente afecto por los corintios. Y con otra intensa frase insiste en que así es: «¡Dios sabe que sí!» (v. 11).

De hecho, seguir viviendo de esta manera, es decir, evitando una dependencia innecesaria de los corintios a quienes sirve y, por lo tanto, las acusaciones que lucra con su servicio, era la mejor manera de desmentir a sus críticos (v. 12).

4. Obreros estafadores (11.13–15)

A continuación, Pablo les devuelve la jugada. Luego de defender su conducta, ahora pasa a la contraofensiva. Y lo hace sin necesidad de agresiones. Más bien, decide usar un lenguaje dramático: «falsos apóstoles, obreros estafadores, que se disfrazan de apóstoles de Cristo» (11.13–15). El propósito de esta manera de expresarse es resaltar el engaño de sus oponentes. Pretenden ser dirigentes espirituales y apóstoles de Cristo, pero no lo logran. Lo único que hacen es disfrazarse de «servidores de la justicia» (v. 15). En realidad, una vez que se les quita la máscara, se ven tal como son: servidores de Satanás. Así como su amo, ellos también se dedican al engaño; y su destino será el mismo (v. 15).

A primera vista, todo esto nos podría parecer bastante intransigente. ¿Acaso Pablo no se pudo haber expresado de una manera más amable? ¿Será que todos sus oponentes son así de malos? Lo que sucede es que si Pablo a estas alturas hubiera actuado con suavidad, habría cometido un grave error. Muy pocos de nosotros estamos listos y preparados para esta clase de confrontación. Es probable que alguna vez en la iglesia sea necesario quitar la delgada capa de barniz que lo cubre todo y denunciar las malignas influencias de Satanás. Ciertamente, esto exige oración y discernimiento, una cuidadosa evaluación teológica y el consejo de todo el grupo de creyentes. Pero hay un tiempo adecuado en el que no se debe tolerar el error y, más bien, defender la verdad que Jesús nos ha dejado.

Preguntas

1. *¿Por qué en la actualidad se les hace difícil a nuestras sociedades no tolerar el error? ¿De qué maneras les afecta a nuestras iglesias este énfasis en la tolerancia?*

2. *¿Estás consciente de las formas en que algunas personas, incluso en el seno de la iglesia, presentan a «un Jesús diferente» o «un evangelio diferente»? ¿Cómo podemos estar alertas frente a estas sutiles distorsiones?*

3. *Si hemos presenciado la conversión de gente al cristianismo por medio de nuestro testimonio o el de la iglesia, ¿sentimos por ellos un «celo [entendido como gran interés] que proviene de Dios» por causa de su entrega a Cristo, tal como Pablo sintió por los corintios? ¿Cómo se expresaría ello y por qué es importante?*

Capítulo 29

Algo de qué poder sentirse orgulloso

2 Corintios 11.16–33

Pablo nos describe sus credenciales por medio de una extraordinaria lista de «logros», y con ello coloca la debilidad como la principal característica de su apostolado.

Pablo no está muy seguro de si debe seguir «jactándose» para poder defender su apostolado y denunciar a los falsos maestros; pero lo hace para alentar a los corintios a que encaren las desfiguraciones del evangelio, que al parecer han aceptado de manera tan fácil. Dice que «al jactarse confiadamente» (11.17), lo hace en contra de su voluntad; pero que si sus oponentes creen que él es un tonto, pues les seguirá el juego. Por eso les responderá de la misma manera en que ellos lo han atacado, con el único propósito de exhibirlos tal como realmente son (v. 18). Recurriendo a una ironía bastante conocida, les dice a los corintios que están cometiendo un grave error con su supuesto criterio al aguantar a esos necios (los falsos maestros), y que por ello quizá también puedan aguantarlo a él (v. 19).

Les habla sin pelos en la lengua, con el estilo directo que lo caracteriza. Les dice que son ingenuos, porque han recibido con los brazos abiertos a esos falsos maestros, quienes no son verdaderos apóstoles que muestran una verdadera preocupación por el bienestar de los corintios, sino que, al contrario, fingen y los manipulan, se aprovechan de ellos e incluso los abusan físicamente (v. 20).

1. Una lista de sufrimientos (11.16–28)

Entonces, Pablo empieza con un largo argumento en defensa propia. Aún se siente incómodo por tener que hablar de sí mismo de esta manera (11.21, 23); pero, luego de dar a conocer su linaje (un hebreo genuino, un verdadero descendiente de Abraham, un verdadero servidor de Cristo), ofrece sus credenciales, lo cual es todo lo contrario de lo que sus oponentes esperan escuchar. En vez de dar a conocer sus grandes victorias, muestra una lista de sus sufrimientos. En lugar de proclamar sus grandes éxitos, da a conocer sus debilidades. Pablo, exprofesamente, decide usar esta estrategia, como lo dice en esta parte (v. 30) y lo volverá a decir en el siguiente capítulo (12.9).

La lista de debilidades que presenta no necesita comentario alguno. Leerla, tal como aparece escrita, impacta al lector, le causa asombro, porque ve el rango e intensidad del sufrimiento que tuvo que enfrentar como apóstol. En primer lugar, la lista nos da a conocer los tantos momentos en que Pablo sufrió oposición cuando predicaba el evangelio, desde caer en la cárcel hasta castigos con látigo. Muchas veces estas experiencias lo pusieron al borde de la muerte. Luego cuenta los peligros físicos que lo acompañaron en sus tantos viajes prolongados y menciona el peligro que corrió de parte de asaltantes y falsos hermanos. Junto a esos peligros, nos dice que sufrió agotamiento físico y emocional por sus duras y constantes labores, por la falta de descanso y por el hambre y el frío.

Asimismo, añade un breve comentario final que aparentemente es insignificante pero valiosísimo: «Y, como si fuera poco, cada día pesa sobre mí la preocupación por todas las iglesias» (11.28). Sabemos muy poco de aquella presión que sufrió Pablo a partir del testimonio de las cartas corintias. Pero, para un apóstol que logró fundar tantas congregaciones y cuyo corazón pastoral fue tan amplio, de seguro que estas presiones fueron muchísimas más intensas de lo que nos podemos imaginar. Con ello, podemos tener una idea de la carga de responsabilidad y el nivel de presión que Pablo debió haber sufrido.

2. Lo que hace al apóstol (11.29–31)

Se trata de una lista muy reducida; sin embargo, no se necesita una gran imaginación para reconstruir el estilo de vida que Pablo tuvo que seguir. Contrariamente a aquellos deslumbrantes *superapóstoles*, no cuenta ninguna hazaña de victorias ni de multitudes que lo admiraban ni de prestigiosas conferencias. De manera deliberada decide resaltar sus debilidades. Ciertamente, todo parece indicar que ha decidido resaltar la debilidad como la característica esencial de su apostolado (11.29).

Este apóstol espiritual incluso decide compartir el peso del pecado, que es común a todos los cristianos; aunque otra manera de interpretar el versículo 29 es la identificación pastoral con los más débiles y la indignación que siente por aquellos que han tropezado por causa de otros.

No hay nada superespiritual acerca de Pablo. No es ningún superhombre biónico, no es un gurú espiritual ni tampoco un héroe según la definición clásica de aquellos tiempos. Más bien, se cansa y su cuerpo muestra heridas; es frágil y débil, es un predicador itinerante que proclama un mensaje sin sentido.

En el versículo 30 vuelve a su defensa. Si es necesario que se jacte de sus logros y los proclame a los cuatro vientos como lo hacen los falsos maestros, entonces lo hará, pero de una manera muy distinta a sus oponentes: «Me jactaré de mi debilidad», dice. Como lo hizo en el versículo 11 («¡Dios sabe que sí!»), apela una vez más al testimonio del Señor (v. 31).

3. Sentirse defraudado (11.32–33)

Su anécdota final añade un toque de ironía. En su lista de «logros» incluye el ejemplo de su calamitosa y vergonzosa huida de Damasco (ver Hch 9.23–25). La ciudad estaba siendo vigilada con la esperanza de que pudiesen apresarlo, pero lo bajaron en un canasto por una ventana de la muralla, y una vez que estuvo en el suelo, huyó de Damasco lo más pronto posible. ¡Aquel es el gran héroe Pablo! Me pregunto si nosotros nos hubiésemos jactado de aquel gran escape. Ciertamente, ello no encajaba con las expectativas de los corintios respecto a cómo debía ser un dirigente; pero Pablo les debe haber guiñado el ojo cuando contaba la anécdota y cerraba con broche de oro su *curriculum vitae*. ¿Qué les parece aquella anécdota como un ejemplo de insensatez? Se trató de otro momento más donde el poder de Dios se manifestó por medio de la debilidad de Pablo.

En el siguiente capítulo se seguirá jactando con más ahínco con el propósito de resaltar la paradoja de toda esta epístola, es decir, la del evangelio y del ministerio cristiano. Pero debemos hacer una pausa antes de seguir adelante con el propósito de llegar a ciertas conclusiones respecto a la lista de logros que Pablo nos ha dado a conocer.

Lo más evidente es lo siguiente: *Pablo no tiene temor alguno de dar a conocer sus debilidades.* Ya hemos visto que logró aprender la importante lección de que aquellas debilidades son necesarias para la vida cristiana. Nos enseñan que debemos depender de Dios y no de nuestras propias capacidades (2Co 1.9), y que gracias a ellas, surge la ocasión para que Dios nos muestre su gracia y poder (4.7; 12.9–10).

Podemos aprender esto de nuestra propia cultura, la cual, así como la griega del primer siglo, se burla de los insensatos y los débiles. Es probable que la subcultura cristiana también enfrente la tentación de rendirle pleitesía a aquellos que tienen labia cuando predican y son muy hábiles para convencer, como aquellos exitosos pastores que se visten con pulcros trajes y cuyas iglesias operan con la más avanzada tecnología. Es cierto que hacer las cosas con esmero tiene su propósito y lugar, en especial para esta generación presente que le importa tanto la imagen pública. Sin embargo, a veces nuestro cristianismo puede verse desde afuera como demasiado perfecto y sin defectos cuando se lo compara con lo obviamente tosco y frágil que era Pablo.

En segundo lugar, *Pablo ha decidido seguir fielmente a su Maestro.* Ser servidor de Cristo y predicar su evangelio conlleva ineludiblemente a que nuestras vidas muestren similitud. No será una vida cómoda, porque Él mismo no tuvo dónde recostar su cabeza; no será una vida en la que nos reciban con agrado, porque su propio pueblo lo rechazó; no será una vida sin dolor y sufrimiento, porque Cristo caminó hacia Getsemaní y al monte Calvario. Pero, de manera paradójica, como Pablo lo demuestra por medio de esta emotiva carta, es, en última instancia, una vida que manifiesta la gracia y el poder de Dios.

Preguntas

1. *¿Crees que la descripción que Pablo ofrece respecto a las características de un dirigente cristiano causaría tanto escándalo en tu iglesia como lo hizo entre los creyentes de la iglesia de Corinto?*

2. *¿Estás de acuerdo con esta expresión?: «Claro que el pastor no debería mostrar sus debilidades. Es alguien que todos admiramos y seguimos su ejemplo».*

3. *¿Crees que sentimos la tentación de pensar que algunos aspectos de nuestra labor en la iglesia o en algún servicio cristiano están por debajo de nuestra dignidad? ¿Qué nos dice nuestra respuesta cuando la comparamos con lo que entendemos por la misión de Cristo?*

Capítulo 30

La visión y la espina

2 Corintios 12.1–10

La esencia del testimonio de Pablo afirma que por medio de nuestra debilidad podemos de manera especial experimentar la gracia y el poder de Dios.

Pablo ahora nos habla de otra dimensión de su vida, la que con titubeos se ve forzado a dárnosla a conocer. Otro componente de las expectativas de los corintios respecto a todo genuino dirigente espiritual se relacionaba con las profundas experiencias místicas que trascendían lo terrenal. Los falsos maestros habían logrado promover la equivocada idea —la cual concordaba con la cultura de aquellos tiempos— de que todo dirigente digno de respeto era aquel que se asemejaba a un superhéroe, es decir, gente cuya vida espiritual estaba llena de misterio y experiencias celestiales. Aquellas personas debían tener con bastante frecuencia revelaciones eufóricas y visiones místicas. Eran aquellos que se merecían la honra y la adulación de los demás mortales, cuyas vidas comunes eran simples y rutinarias.

Pablo estaba convencido de que nada ganaría con jactarse (12.1). Sin embargo, sintió que debía mostrar algunos principios importantes a los corintios, quienes corrían el riesgo de ser engañados por causa de aquellas historias dramáticas de éxtasis espiritual, como si estas fueran elementos necesarios de la vida cristiana.

De hecho, la indecisión de Pablo por contar su propia historia queda al descubierto por su estilo literario; «Conozco a un seguidor de Cristo», nos dice (v. 2), evitando así ser demasiado directo con su ejemplo. Es importante que notemos esta modestia en el contexto de nuestro mundo actual, el cual comparte lo mismo con la cultura griega de aquel entonces; esto es, sentirse cautivado por las visiones místicas, incluso ser demasiado ingenuo frente a las supersticiones.

1. Una visión celestial (12.1–6)

La experiencia de Pablo fue tan abrumadora que no le fue posible describirla con precisión. No supo qué decir y no pudo encajarla fácilmente en su esquema teológico. ¿Y en dónde sucedió? No estaba seguro (12.2–4). ¿Ocurrió en el cuerpo o fuera de este? Tampoco lo sabía (vv. 2–3). ¿Y qué mensajes espirituales recibió? No supo expresarlos (v. 4). A pesar de sus dudas y reservas, podemos estar seguros de que se trató de un profundo momento que quedó grabado en sus recuerdos. Por ello, jamás debemos ser incrédulos respecto a la posibilidad de que pueda darse ese tipo de experiencia, porque Dios tiene planes particulares para las vidas de aquellos a quienes ha llamado a ministerios especiales. En este sentido, si bien no se nos dice la razón por la que Pablo la tuvo, sí fue lo suficientemente genuina y real.

Sin embargo, debemos notar que esa clase de experiencia sucede muy pocas veces, por lo que Pablo no esperaba que fuera parte de la vida normal de los creyentes. Había acontecido unos catorce años antes y aparentemente el apóstol no tenía otros ejemplos similares y más recientes. Así que, aunque no debemos desacreditar estas experiencias, tampoco debemos usar este pasaje para defender la creencia de que deben suceder con frecuencia como parte normal de la vida cristiana o, incluso, que debemos esperar que sucedan.

Luego Pablo vuelve a mencionar su reticencia a hablar respecto a lo que experimentó (v. 5). Contrariamente, nosotros habríamos sentido la tentación de publicar un libro sobre nuestra experiencia mística o colgar un video en alguna red social. En cambio, el apóstol duda en jactarse de algo que no sean sus debilidades (v. 5). La experiencia que tuvo fue bastante real. Él mismo lo afirma: «No sería insensato si decidiera jactarme», porque fue real (v. 6). Sin embargo, su preocupación seguía siendo que se entendiera que no debía ser juzgado por sus experiencias místicas, sino por sus palabras y sus hechos (v. 6). Sería de mucho provecho para nosotros que prestemos mucha atención a lo siguiente: la gente de la que debemos aprender no es necesariamente la que posee los relatos más dramáticos o las experiencias más «espirituales», sino aquella cuyas palabras y obras demuestran su firme compromiso de servir al Señor Jesucristo.

2. Una espina en el cuerpo (12.7–10)

Vale notar que la historia de Pablo acerca de su experiencia espiritual no termina allí. En contraste con su visita al paraíso, nos describe un problema bastante terrenal. Se trata de una de las frases más conocidas del apóstol: «una espina me fue clavada en el cuerpo» (12.7). La palabra original puede traducirse como «espina» o «aguijón» y su significado tiene el propósito de comunicar la idea de un gran dolor.

Existe un amplio margen de ideas respecto a lo que representa esta espina. ¿Fue cierta enfermedad física, quizá malaria o epilepsia o alguna discapacidad del habla? ¿O quizás se refería a la oposición que hubo de enfrentar o la persecución que sufrió de parte de los judíos? Una de las explicaciones más comunes es que se trataba de una enfermedad de la vista. La menciona en Gálatas 4.13–15, donde dice que los gálatas se habrían sacado los ojos para dárselos a Pablo; luego en Gálatas 6.11 afirma que les escribe con letras bien grandes. De hecho, no nos dice la causa precisa de su dolorosa aflicción y por ello el texto se puede usar a lo largo de los siglos para todos los cristianos que se han identificado con este dolor, aunque no con su causa.

Según Pablo, esta dolencia le fue dada para un propósito especial: «para evitar que me volviera presumido» (2Co 12.7). La espectacular experiencia espiritual que nos relata pudo haberle causado un horrible sentimiento de vanagloria, pero Pablo tuvo el criterio suficiente como para interpretar aquella espina como un medio que le permitió reventar la burbuja de su presunción y desinflar su ego. Y cualquiera que sea la causa del sufrimiento en nuestras vidas, siempre tendremos a mano aquel útil propósito, si es que podemos darnos cuenta de ello.

Además, la describe como un mensajero de Satanás (v. 7). Era muy común que Pablo tuviera que enfrentar oposición satánica en su ministerio, por lo que llega a la conclusión de que la espina es parte del acoso del maligno. Sin embargo, el versículo 7 nos da a entender que esta oposición ha logrado cumplir el buen propósito de Dios, lo cual concuerda con las enseñanzas bíblicas respecto a la actividad satánica, pues Satanás actúa solamente bajo los parámetros que Dios le ha dado (Job 2.6). Por ello, Pablo puede testificar que la voluntad del Señor prevalece incluso sobre las obras de Satanás. Una vez más, el poder de Dios se manifiesta en una aparente debilidad.

Notemos también que Pablo le pidió muchas veces al Señor que le quitara la espina (v. 8). Si nuestra debilidad no tiene ningún otro propósito que animarnos a recurrir a Dios en oración, entonces ha cumplido su valiosa función. Todos nosotros aprendemos a orar de una mejor manera cuando sufrimos. También es correcto que oremos por sanidad. Pablo se refiere al don de sanidad en su primera carta a los corintios, y Santiago ofrece instrucciones para los ancianos de la iglesia respecto al tema (Stg 5.13–18). Pero, así como Dios nos ha dado el ánimo para pedirle que nos sane, igualmente debemos saber cuándo dejar de pedir. El versículo 8 nos sugiere que Pablo recibió una respuesta inesperada a su oración, la cual se volvió «la inspiración más poderosa para su vida»[15] (para más información, ver el cuadro titulado «Salud y prosperidad», p. 25).

Debemos notar que Pablo se dio cuenta de que el propósito de Dios no era evitar la dificultad, sino transformarla. El mal había perdido su fuerza. Ahora la gracia de Dios que todo lo puede se ha derramado en su vida, no a pesar de la espina, sino *por causa de* esa misma debilidad: «pues mi poder se perfecciona en la debilidad» (2Co 12.9). En vez de permitir que su debilidad se convirtiera en una excusa para eludir las difíciles tareas del ministerio cristiano, le sirvió para servir a Dios con nuevos bríos, que no provenían de él. La gracia de Dios fue suficiente (el significado del término no da a entender «más que "apenas"», sino «más de lo que se necesita»). El descubrimiento de Pablo, como lo escribió en el capítulo 4, fue lograr entender que se había identificado con Cristo en su debilidad y poder.

---

15 R. V. G. Tasker, *2 Corinthians,* Tyndale New Testament Commentaries (London: Tyndale Press, 1958), 178.

Finalmente, el apóstol afirma que prefiere «gustosamente» hacer alarde de sus debilidades que jactarse de sus hazañas heroicas y sus grandes logros personales. Los *superapóstoles* de Corinto habrán tenido bastante dificultad en entender aquello, porque jactarse de la debilidad constituía una diferencia radical entre ellos y Pablo. Estaba feliz de expresar su debilidad («gustosamente», «haré alarde», «me regocijo»), porque en aquel momento el poder de Cristo estaba en él (v. 9), «porque, cuando soy débil, entonces soy fuerte» (v. 10).

Algunos cristianos jamás logran experimentar aquella debilidad porque nunca se exceden de los límites seguros. Pero aquellos que sentimos nuestras debilidades y flaquezas, que nos identificamos hasta cierto grado con los insultos, las adversidades, las persecuciones y las dificultades a las que se refiere Pablo (v. 10), deberíamos sentir ánimo a partir de estos versículos y aprender a recurrir a Dios por su super-abundante gracia y el poder de su resurrección.

De esto se trata el tema central de toda la carta: la debilidad es la oportunidad para que el poder de Cristo habite en nosotros. El resultado de ello será que permaneceremos en Cristo, que recurriremos a Él, que meditaremos en Él, que lograremos entender nuestra unión con Él, y viviremos su vida. Según Pablo escribió a los filipenses: «Lo he perdido todo a fin de conocer a Cristo, experimentar el poder que se manifestó en su resurrección, participar en sus sufrimientos y llegar a ser semejante a él en su muerte» (Fil 3.10). Asimismo, concluye: «Todo lo puedo en Cristo, que me fortalece» (Fil 4.13).

• •

Preguntas

1. *Las muchas oraciones por sanidad no siempre nos dan las respuestas que deseamos. ¿Cuál fue la razón de esto en el caso de Pablo? ¿Cuáles son las lecciones que podemos aprender de ello? ¿Y cuál es el propósito de una oración constante?*

2. *Pablo sabía que había una influencia satánica en los retos que encaraba, pero también sabía que Dios tenía el control y que cumpliría su perfecta voluntad. ¿De qué manera podrías ayudar a*

un compañero cristiano que se siente bajo un ataque espiritual a que logre recuperar esta perspectiva de que Dios siempre está en el control?

3. Escribe una carta a algún amigo que se encuentre confinado y que sufra de alguna discapacidad, y explícale con tino el tema principal de 2 Corintios respecto a que la debilidad es una oportunidad para que el poder de Cristo habite en nosotros. Para tener sensibilidad pastoral, imagínate cómo se sentirá aquella persona cuando lea el contenido de tu carta.

4. Comparte ejemplos con tu grupo acerca de la manera en que la gracia de Dios ha demostrado ser suficiente para ti cuando has atravesado por momentos difíciles.

Capítulo 31

Un verdadero apóstol

2 Corintios 12.11–19

Servir al Señor implica servir a su pueblo, y debemos hacerlo con perseverancia y una profunda dedicación en pro de su bienestar.

Ahora que la defensa que Pablo ha presentado está por terminar, hay dos cosas que han quedado claras. En primer lugar, el verdadero ministerio espiritual no te ofrece fama y fortuna; tampoco te promete poderes espectaculares ni una imagen que impresione a los demás. Más bien, es constante y perseverante, experimenta la gracia de Dios por medio de la debilidad y depende totalmente de Él. En segundo lugar, al verdadero ministerio espiritual no lo motiva el deseo egoísta de promocionarse o de lograr prestigio, sino una entrega genuina para servir al prójimo, para fortalecerlo en su vida cristiana y edificar la iglesia.

Ambos temas sobresalen en esta sección mientras Pablo da por terminada su defensa. Ya se ha referido a la «insensatez» de tener que recomendarse a sí mismo (11.1). Ahora recalca que se ha visto en la necesidad de presentarse como un insensato porque los corintios no salieron en su defensa (12.11). Presenta una serie de argumentos que representan sus credenciales de verdadero apóstol; pero, a lo largo de esta sección, notaremos los dos temas que mencionó anteriormente: el contraste con la imagen distorsionada de los *superapóstoles* y la clara motivación que Pablo tiene para servir a los demás.

1. Las marcas de un verdadero apóstol (12.11–12)

A vista de los corintios quizá Pablo sea «nada», pero de hecho dice: «De ningún modo soy inferior a los "superapóstoles"» (12.11). Nos explica sus credenciales con una frase intrigante en el versículo 12.

En primer lugar, una de las marcas de su apostolado debe encontrarse en las señales, prodigios y milagros que hizo entre ellos (v. 12). Pablo menciona aquí que estas pruebas del poder de Dios certifican la obra de un apóstol. El libro de los Hechos nos ofrece muchos casos de estas señales y prodigios, como cuando sana a un hombre lisiado en Listra (Hch 14.8–10) y cuando expulsa de una joven esclava un espíritu de adivinación (Hch 16.16–18). La muerte de Ananías y Safira en Hechos 5 fue un ejemplo más severo de señales y prodigios.

Es muy importante que Pablo haya postergado esta prueba particular de su apostolado para el final de su carta. Así como al principio de este capítulo tuvo dudas respecto a si debía mencionar sus experiencias sobrenaturales (2Co 12.5–6), del mismo modo, ahora no cae en el juego de aquellos en Corinto para quienes las señales y prodigios sobrenaturales habrían sido las más grandes características de sus ministerios. Como hemos visto a lo largo de la carta, Pablo prefiere ser juzgado por la fidelidad de su vida y su proclamación del evangelio.

En segundo lugar, Pablo se expresa con precaución: «Las marcas distintivas de un apóstol [...] se dieron constantemente entre ustedes» (v. 12). No quiere dar a entender que las señales y los prodigios se relacionaban con su propio poder especial; más bien resalta el hecho de que Dios realizó aquellas señales y prodigios entre ellos. Una vez más, la manera discreta que presenta su caso es muy útil para todo cristiano o toda iglesia que sienta la tentación de poner en vitrina su espiritualidad.

En tercer lugar, Pablo obró de una manera «constante» (v. 12). Quizá esta sea la pista más directa que tenemos respecto a las prioridades de Pablo. Su ministerio no era aquel que ofrece soluciones instantáneas por medio de milagros. De hecho, las señales y los prodigios fueron evidentes; pero su ministerio sucedía en el contexto de una carrera de resistencia constante, donde se tenía que encarar las presiones de servir a Cristo con perseverancia, lo cual, como muestra esta carta de principio a fin, debía ser la credencial más básica de su ministerio. No los espectaculares fuegos artificiales o las afirmaciones superespirituales, sino una vida entregada a servir la causa de Cristo sin importar el grado de oposición o de presiones.

2. Cuidaba de ellos como si fuera su padre (12.13–19)

Detrás de los siguientes versículos descubrimos las críticas contra Pablo relacionadas con el dinero: que no había solicitado a los corintios ningún pago por sus servicios prestados, lo cual según sus oponentes todo orador «exitoso» debía hacer, o que los había manipulado y que por medio de la colecta (caps. 8 y 9) se había aprovechado de ellos, acaparando el dinero bajo la excusa de ayudar a los necesitados de Jerusalén.

Pablo les responde con una buena dosis de ironía. Es como si les dijera: «Perdónenme mi error de no haber podido serles una carga económica» (ver 12.13; comparar con 11.1–15). Mientras se prepara para su tercera visita (12.14), les quiere dar a conocer de modo muy claro que no se aprovechará de ellos monetariamente. Lo que quiere son sus corazones, no su dinero. Anhela volver a tener una relación con ellos, un compromiso mutuo entre la iglesia y su padre espiritual. Les replica que no espera que los hijos ahorren para sus padres y que el cuidado paternal de él por ellos significa que no tiene interés alguno por su dinero, sino por su continuo bienestar espiritual. Y resalta esto usando una frase conmovedora que podría utilizarse para su ministerio apostólico en todas las iglesias: «Así que de buena gana gastaré todo lo que tengo, y hasta yo mismo me desgastaré del todo por ustedes» (v. 15).

Repite prácticamente lo mismo cuando escribe a los creyentes tesalonicenses: «Por el cariño que les tenemos, nos deleitamos en compartir con ustedes no solo el evangelio de Dios, sino también nuestra vida» (1Ts 2.8). En el mismo pasaje usa los ejemplos de una madre que cuida de sus hijos y de un padre que anima, consola y exhorta a sus hijos a que vivan una vida digna de Dios (1 Ts 2.7; 2.11).

Pablo no ha presentado argumentos en contra de la idea de ofrecer pagos a algún ministerio cristiano. En otras partes escribe que es digno que un ministro cristiano reciba un pago por su labor (ver 1Co 9.14; 1Ti 5.17–18); pero en Corinto decidió deliberadamente evitar ser una carga para la iglesia y, por medio de su plena y libre entrega, les demostró su genuina dedicación a ellos. Debió haber sido muy doloroso haber sido criticado por esta entrega tan sacrificada.

Incluso peor, los versículos 16–18 del capítulo 12 nos dan a entender que también se lo había acusado de ser astuto y haber recibido una tajada de la ofrenda destinada a Jerusalén. Les ruega que recuerden la visita de los dos hermanos que fueron a recolectar la ofrenda. Así como ellos no se aprovecharon de los corintios, Pablo tampoco lo hizo. Vimos en los capítulos 8 y 9 cuán cuidadosamente se había administrado la colecta, en particular para evitar cualquier sospecha de que se estaba estafando a los corintios. Es como si Pablo les hubiera dicho muy claro: «¡No es así! No estamos en el ministerio cristiano para lucrar, ya sea de las ofrendas voluntarias de la iglesia o por la estafa o el engaño». Su ministerio demuestra la entrega sacrificada de un padre que tiene compasión por sus hijos.

Su argumento se redobla en el versículo 19: «Todo lo que hacemos, queridos hermanos, es para su edificación». Los capítulos anteriores se ven ahora como una prolongada presentación de la defensa de Pablo contra sus oponentes (v. 19). En realidad, esto no ha sido sencillamente una presentación en defensa propia, sino que Pablo les ha recordado su autoridad apostólica, la cual es fundamental para que ellos mismos logren entender quiénes realmente son, tal como veremos en el siguiente capítulo. Se trata de un asunto muy serio: les dice que ha «estado hablando delante de Dios en Cristo» (v. 19). El sufrimiento de Pablo ha sido para el beneficio de ellos, no para que él saque provecho; incluso las pruebas que tuvo que encarar, las críticas que hubo de soportar y las presiones por haberse identificado con Cristo: «Todo lo que hacemos, queridos hermanos, es para su edificación» (v. 19).

Todo ello son las marcas de un verdadero apóstol, que contrastan con las pretensiones exageradas o los intereses económicos de los *superapóstoles*. Constituyen la persistente, sacrificada y compasiva atención de un padre espiritual. Todos nosotros tenemos lecciones que aprender respecto a nuestro llamado cristiano al ministerio, porque siempre tendremos que encarar las tentaciones del dinero, el poder y la fama. La verdadera prueba de un ministerio genuino se manifestará por medio de la perseverancia y el don de servir al prójimo.

Preguntas

1. *¿Por qué a veces nos sentimos tentados a pensar que los milagros cristianos son más importantes e impresionantes que el carácter cristiano?*

2. *Pablo describe su ministerio a los demás en 12.15: «Así que de buena gana gastaré todo lo que tengo, y hasta yo mismo me desgastaré del todo por ustedes». ¿Crees que esta es una prueba del servicio al prójimo en la iglesia? ¿Cuál sería su aspecto en la práctica si viviésemos según aquel ejemplo?*

3. *A veces nuestra labor cristiana de servir al prójimo sufre influencias equivocadas, es decir, deseamos fama, poder y dinero. ¿Crees que nuestras vidas muestran señales de dichas influencias? ¿Cómo podemos evitar estas trampas?*

Capítulo 32

Estar preparados

2 Corintios 12.20–13.10

Ahora que la tercera visita a Corinto se aproxima, Pablo
ruega a los creyentes que corrijan sus conductas si desean
evitar más disciplina apostólica.

Pablo ya les ha mencionado que está listo para visitarlos
por tercera vez (12.14), y ahora les escribe respecto a sus esperanzas
y temores en preparación para aquella visita. En especial, esta sección
mencionará algunos de los fracasos de los corintios, así como la
determinación que Pablo tiene para ejercer su autoridad apostólica por
medio de la disciplina eclesiástica en caso de que sea necesario. Por ello,
les escribe para rogarles que se preparen para su visita. Les presenta
claras advertencias como anticipo de una posible disciplina, sabiendo
que les causará dolor tanto a ellos como a él. Tenemos importantes
lecciones que aprender de esta sección, porque la disciplina es todavía
un ministerio que debe ponerse en práctica en la iglesia de hoy.

1. La razón por la que la disciplina es necesaria (12.20–21)

Sabemos a partir de 1 Corintios que el trasfondo de muchas de las
conversiones de los cristianos fue pagano y que a Pablo le preocupaba

el relajamiento moral de la iglesia (1Co 6.9–20). Sabemos también que una parte de 2 Corintios trata el tema de las antiguas fallas morales (cap. 2). Ahora Pablo les escribe con una franqueza casi vergonzosa. Teme que cuando los visite por tercera vez, descubra que los creyentes corintios no han madurado en su fe como debían, sino que están inmiscuidos en toda clase de pecados (12.20–21). Por otro lado, esto hará que los corintios vean a Pablo no como habrían esperado. Anteriormente en su carta, se había defendido de las acusaciones de sus oponentes, quienes afirmaban que era firme en sus cartas, pero un pusilánime en persona. Ahora les asegura que llegará a visitarlos con su autoridad apostólica, listo para confrontarlos y disciplinarlos.

Luego ofrece una lista de los pecados de los creyentes: «peleas, celos, arrebatos de ira, rivalidades, calumnias, chismes, insultos y alborotos» (v. 20). Todos ellos constituyen horribles conductas en la iglesia, las cuales tristemente aún persisten, porque son armas de Satanás para que se destruya la verdadera comunidad cristiana, que debiera manifestar el poder reconciliador del evangelio. Aquellos pecados no solo desacreditan a la iglesia; también ponen en duda el poder transformador del propio evangelio. No nos sorprende para nada que Pablo diga que llorará mucho por ello (v. 21) cuando confronte a los creyentes y los discipline. Los pecados sexuales a los que se refiere en el siguiente versículo reciben por lo general la disciplina adecuada en la iglesia de hoy, pero las fallas del versículo 20 se ignoran demasiado. Carcomen la familia de la iglesia y la destruyen desde dentro. Por ello, se requiere poner manos a la obra para erradicar este problema.

Luego Pablo se refiere a los pecados sexuales de algunos de los miembros de la iglesia y manifiesta tristeza porque no se han arrepentido «de la impureza, de la inmoralidad sexual y de los vicios a que se han entregado» (v. 21). Parece que los *superapóstoles* ignoraban estas conductas, pero Pablo dispara sus primeras cargas de advertencia antes de su visita. Y cuando lo haga, tomará firmes decisiones, sobre lo cual les vuelve a advertirles.

2. La manera en que se aplica la disciplina (13.1–4)

Pablo empieza su capítulo final con una cita de Deuteronomio 19.15, en donde se dice que se necesitan de dos o tres testigos para presentar un litigio (2Co 13.1). No estamos seguros de la razón por la que Pablo presenta este asunto. Es probable que tenga alguna relación con su inminente tercera visita, que servirá de una buena advertencia para los corintios. Ya les había advertido de ello en su segunda visita (13.2) y les había pedido que se arrepintieran. Ahora les repite la advertencia y les recuerda que no titubeará cuando llegue donde ellos (v. 2).

El propio Jesús mencionó la necesidad de presentar varios testigos (Mt 18.16), pues en todo proceso de disciplina eclesiástica se debe tener a la mano pruebas y advertencias adecuadas. Como ya hemos visto (2Co 12.20), los rumores y chismes son una horrible práctica de la vida congregacional, por lo que todo pastor o dirigente debe tener mucho cuidado de asegurarse de que todas las pruebas hayan sido verificadas. Una costumbre pastoral básica y de buen tino es saber involucrar a otros en el proceso de la disciplina eclesiástica.

Pablo describe la manera en que la disciplina debe aplicarse a aquellos que no se han arrepentido. Vuelve a tocar los temas de la debilidad y el poder, que han dominado toda la carta (13.3–4). Los corintios habían cuestionado la autoridad apostólica de Pablo, es decir, creían que Cristo no hablaba por medio de él; pero ahora les dice sin pelos en la lengua que irá con la autoridad del Señor. El modelo de la debilidad y el poder de Cristo, de su muerte y resurrección, es el de todo ministerio cristiano, tal como Pablo escribió tantas veces. Para estar seguro de ello, comparte la debilidad de Cristo; pero los corintios no deben suponer que ello significa que no actuará con autoridad cuando trate el problema del pecado en la iglesia. Más bien dice que «por el poder de Dios viviremos con Cristo para ustedes» (v. 4). Pablo posee la autoridad moral y espiritual para ejercerla con los miembros de la iglesia que no se han arrepentido. Su unión con Cristo significa que es débil cuando vive el camino del sufrimiento, pero tiene poder y autoridad cuando ejerce su ministerio entre ellos.

3. La manera en que se puede evitar la disciplina (13.5–10)

Luego de una prolongada defensa de su ministerio apostólico, Pablo ruega a los corintios y anhela que le respondan de una manera adecuada. Trata antes de todo que se examinen a sí mismos, rogándoles que con honestidad determinen si realmente pertenecen a Cristo (13.5). Hay dos razones para ello.

La primera es que este examen de conciencia quizá los conduzca a que puedan ver la realidad de la presencia de Cristo entre ellos y la necesidad de vivir vidas congruentes con su fe. Aquellos que necesiten arrepentirse lo harán; y quienes requieran madurar se esforzarán por hacerlo (v. 9). Este examen de conciencia es necesario como si fuera un chequeo espiritual. Por medio de estos chequeos frecuentes y honestos, los cristianos podrán evitar la autocomplacencia y así lograr crecer en la fe gracias a que dependen de Cristo. Entonces, no habrá necesidad de imponer la disciplina en la iglesia, porque los cristianos disciplinarán sus propias vidas.

La segunda es que en la medida en que los corintios descubran cuán genuina es su fe, se darán cuenta de que el apostolado de Pablo es ciertamente genuino (v. 6), porque su fe cristiana es producto de su ministerio. Si realmente son creyentes genuinos, entonces comprenderán que Pablo es un verdadero apóstol.

Luego, como preparación para concluir su carta, ruega Dios que los corintios alcancen la madurez espiritual y que no hagan nada malo (v. 7), sino lo bueno (v. 8), y que sean restituidos y alcancen una vida plena, lo cual es el tema subyacente de su ministerio (v. 9). Una vez más, en estas líneas finales, nos muestra su preocupación por el bienestar de los corintios (vv. 7–9). Se ha entregado al servicio de la verdad, sin importar lo que sus críticos hayan dicho de él (v. 8), y su mayor preocupación es que su ministerio haya servido para la edificación de ellos (v. 10). Ahora que anticipa su tercera visita, tiene la esperanza de que no se trate de otra «triste» visita. No quiere ser severo cuando recurra a su autoridad; prefiere mil veces edificar que destruir (v. 10).

Ciertamente, este es el propósito de todos estos difíciles capítulos. Pablo desea sacudirlos de aquel estado de autocomplacencia en el que se encuentran. Quiere que crezcan en la gracia de Dios. Todo el propósito de esta carta ha sido ejercer la autoridad que el Señor le ha dado para edificar a los corintios (v. 10). Así que, hablar de una manera directa es un componente fundamental de este ministerio y una manifestación de su amor por ellos.

La disciplina jamás es algo fácil de imponer en una familia y ciertamente tampoco lo es en la iglesia; pero es un componente fundamental de todo crecimiento saludable y una expresión del amor genuino que debe haber entre todos.

Preguntas

1. *El examen de conciencia es un elemento importante para el crecimiento espiritual. ¿Cómo podemos estar seguros de que no será sencillamente un ejercicio de introspección curioso y dañino? ¿Qué es un examen de conciencia saludable y cuáles son sus consecuencias?*

2. *¿Por qué son tan dañinos para la comunidad cristiana aquellos pecados como peleas, celos, arrebatos de ira, rivalidades, calumnias, chismes, insultos y alborotos? ¿Por qué los consideramos menos importantes que, por ejemplo, los pecados de índole sexual? ¿Cómo podemos corregir esta actitud de nuestras costumbres en la iglesia?*

3. *¿Qué lugar o función ocupa la disciplina en la iglesia hoy? ¿Cuál es la manera en que crees debe llevarse a cabo? ¿Cuáles son los mecanismos de protección que necesitamos, especialmente cuando se corre el peligro de abuso espiritual?*

Capítulo 33

Palabras finales de aliento

2 Corintios 13.11–14

Los consejos finales de Pablo aparecen ordenadamente y van seguidos de palabras finales de aliento, recordándoles a los corintios que tienen a su disposición la gracia, el amor y la comunión de Dios.

A muchos de nosotros nos gustan las películas que terminan con un final feliz. Claro, se parecen demasiado a las fantasías de Hollywood, porque la vida no necesariamente se ciñe a ese guion. Sin embargo, la carta de Pablo llega a su final ofreciéndonos algunas razones por las que debemos alegrarnos. No se trata de las habituales fórmulas cristianas o saludos superficiales. Más bien son palabras de aliento para que prosigamos hacia adelante.

Pablo suelta una andanada de exhortaciones al concluir su carta (vv. 11–13):

Busquen su restauración. En 13.11 repite la oración del versículo 9, usando una palabra polisémica de la que uno de sus significados es «poner en orden». Es la misma palabra que se usa en el Evangelio de Marcos para describir el acto de remendar redes. Así que la exhortación a los corintios —y a nosotros— es que enmienden sus caminos y progresen en la vida cristiana; que restauren su fe y su compromiso con Cristo; que empiecen a comportarse como es debido; que no sean autocomplacientes respecto al pecado, sino que confíen en la gracia de Dios; que su meta sea la perfección.

Hagan caso de mi exhortación. Que reaccionen a la verdad del evangelio que el apóstol les presentó. Que no se distraigan por los falsos valores y las ambiciones de quienes los rodean, sino que aprendan a vivir siguiendo el modelo de la muerte y la resurrección de Cristo y de su poder que se perfecciona en la debilidad.

Sean de un mismo sentir, vivan en paz. Que muestren las verdaderas cualidades de una comunidad que ha sido redimida y reconciliada. Que pongan en práctica el evangelio de la gracia por la manera en que piensen y colaboren como pueblo de Dios (v. 12). El compromiso para tener el mismo sentir y vivir en paz tendrá profundas repercusiones en todos los cristianos, debido al hecho de que sufrimos la tentación a ser individualistas y sujetarnos a los tribalismos de nuestras propias sociedades y los egoísmos de nuestros propios corazones.

Las palabras finales de Pablo nos indican que todo ello es posible. En primer lugar, nos asegura que el Dios de amor y paz estará con nosotros (v. 11). El ministerio del Espíritu en la iglesia de Corinto consistirá en hacer que el amor y la paz de Dios sean una realidad. En segundo lugar, la carta concluye con palabras que los cristianos de cada generación y toda cultura han pronunciado (v. 14). Nos ofrecen un resumen de la experiencia cristiana y son palabras adecuadas para una carta que, quizá más que cualquier otra obra, ha sabido expresar plenamente el verdadero significado de la gracia de Dios. De una manera trinitaria, Pablo expresa estos dones:

- *La gracia del Señor Jesucristo.* «Ya conocen la gracia de nuestro Señor Jesucristo, que, aunque era rico, por causa de ustedes se hizo pobre, para que mediante su pobreza ustedes llegaran a ser ricos» (8.9). Pablo desea que esta sea nuestra experiencia diaria y recibamos toda la riqueza y la bondad de Dios en cada situación de la vida (12.9).

- *El amor de Dios.* Se trata del Dios de toda consolación (1.3), que nos consuela en todos nuestros sufrimientos, cuyo amor nos envuelve y del cual jamás nos podrán separar.

- *La comunión del Espíritu Santo.* La presencia del Espíritu es el rasgo característico del ministerio del nuevo pacto (3.6). Su ministerio consiste en asegurarnos que pertenecemos a la familia de Dios y que recibiremos las futuras promesas (1.22; 5.5): la capacidad de disfrutar la comunión con Dios y de crear una nueva comunidad que refleje el poder reconciliador del evangelio.

Cuando pronunciamos estas palabras al final de nuestros cultos en la iglesia, nos recordamos unos a otros que toda la vida cristiana gira en torno a Dios Padre, Dios Hijo y Dios Espíritu Santo. Y aquí es donde Pablo desea concluir su emotiva carta. A lo largo de los sufrimientos en su vida y labor y las dificultades en su relación con los corintios, regresa al sólido fundamento del evangelio; esto es, al Padre que nos ama, al Hijo que se entregó por nosotros y al Espíritu Santo que ahora mora en nosotros. Este es el secreto para todos los cristianos de todo el mundo: que el poder de Dios «se perfecciona en la debilidad».

Preguntas

1. *¿Qué aspectos de nuestra vida necesitan restauración (13.11)? ¿Cómo podemos dar inicio a este proceso?*
2. *¿Cómo podemos convertir las palabras de la doxología de 13.14 en una oración con mayor significado para nuestras iglesias? ¿Debemos usarla siempre al final de nuestras oraciones o los cultos de la iglesia?*
3. *Reflexiona acerca de cada una de las palabras que Pablo usa en las palabras finales de aliento a los corintios: paz, amor, gracia y comunión. ¿Qué significa cada una de ellas y cómo pueden causar un mayor impacto en nuestras propias vidas y en la comunidad cristiana?*

Sociedad Langham

La Sociedad Langham es una comunidad mundial que trabaja con el ánimo de cumplir la visión que Dios encomendó a su fundador, John Stott, consistente en:

facilitar el crecimiento de la iglesia en madurez y en semejanza a Cristo, elevando los niveles de predicación y enseñanza bíblica.

Nuestra visión es ver que las iglesias del mundo mayoritario estén equipadas para la misión y creciendo hacia la madurez en Cristo a través del ministerio de sus pastores y líderes, quienes creen, enseñan y viven por la Palabra de Dios.

Nuestra misión es fortalecer el ministerio de la Palabra de Dios:
- fortaleciendo movimientos nacionales de predicación bíblica;
- favoreciendo la creación y distribución de literatura evangélica; y
- elevando el nivel de la educación teológica evangélica, especialmente en países donde las iglesias carecen de recursos.

Nuestro ministerio

Langham Predicación se asocia con líderes nacionales que estimulan movimientos locales de predicación bíblica para pastores y predicadores laicos en el mundo entero. Con el apoyo de un equipo de capacitadores provenientes de diversos países, se desarrolla un programa de seminarios a diversos niveles que proveen capacitación práctica, al cual le sigue un programa que busca formar facilitadores locales. Los grupos locales de predicación (escuelas de expositores) y las redes nacionales y regionales se encargan de dar continuidad a los programas e impulsar su desarrollo ulterior con el fin de construir un movimiento vigoroso comprometido con la exposición bíblica.

Literatura Langham provee a los pastores, seminarios y académicos del mundo mayoritario libros evangélicos y recursos electrónicos mediante becas, descuentos y mecanismos de distribución. El programa también auspicia la producción de literatura evangélica para pastores en diversos idiomas a través de talleres para escritores y editores, respaldo a la tarea literaria, traducciones, fortalecimiento de las casas editoriales evangélicas e inversiones en proyectos regionales de literatura, tales como el *Comentario Bíblico Contemporáneo*.

Langham Becas provee apoyo financiero para estudiantes evangélicos a nivel doctoral provenientes del mundo mayoritario, de tal manera que, una vez que regresen a sus países, puedan capacitar pastores y a otros líderes cristianos brindándoles una sólida formación bíblica y teológica. Éste es un programa que equipa a quienes van a equipar a otros. *Langham Becas* trabaja igualmente con seminarios del mundo mayoritario fortaleciendo su educación teológica. Un número creciente de académicos de *Langham Becas* estudia en programas doctorales de alta calidad en reconocidos centros del mundo mayoritario. Además de formar a la siguiente generación de pastores, los graduados de *Langham Becas* ejercen una influencia significativa a través de sus escritos y su liderazgo.

Para obtener más información sobre la *Sociedad Langham* y el trabajo que desarrollamos visítenos en www.langham.org.